Sitzungsberichte der Heidelberger Akademie der Wissenschaften

Philosophisch-historische Klasse

Jahrgang 1993 · Bericht 2

JAN ASSMANN

Monotheismus und Kosmotheismus

Ägyptische Formen eines „Denkens des Einen“
und ihre europäische Rezeptionsgeschichte

Vorgetragen am 24. April 1993

HEIDELBERG 1993
UNIVERSITÄTSVERLAG C. WINTER

Die Deutsche Bibliothek - CIP-Einheitsaufnahme

Assmann, Jan:

Monotheismus und Kosmotheismus: ägyptische Formen eines „Denkens des Einen“ und ihre europäische Rezeptionsgeschichte; vorgetragen am 24. April 1993 / Jan Assmann. - Heidelberg: Winter, 1993

(Sitzungsberichte der Heidelberger Akademie der Wissenschaften, Philosophisch-historische Klasse: Bericht; Jg. 1993,2)

ISBN 3-8253-0026-9

NE: Heidelberger Akademie der Wissenschaften / Philosophisch-historische Klasse: Sitzungsberichte der Heidelberger Akademie der Wissenschaften, Philosophisch-historische Klasse / Bericht

ISBN 3-8253-0026-9

Imprimé en Allemagne. Printed in Germany
Satz: Klaus Brecht. *Satz. Bild. Grafik.*, Heidelberg · Druck: Strauss Offsetdruck GmbH, Hirschberg

Für Erik Hornung zum 60. Geburtstag

1. Politischer und kosmologischer Monotheismus

In der Perspektive der Religionsgeschichte erscheint mit einer gewissen Unausweichlichkeit der Monotheismus als die höchste Form von Religion. Der Monotheismus ist der Maßstab, an dem jede andere Religion gemessen wird. Für die Vertreter der bis ins späte 18. Jahrhundert vorherrschenden Dekadenztheorie stand fest, daß der Monotheismus am Anfang der Religionsgeschichte gestanden habe und der Polytheismus eine Verfallserscheinung der ursprünglichen Wahrheit darstelle. Diese von den französischen Deisten des 17. Jh. entwickelte Theorie des Urmonotheismus legte Schelling seiner *Philosophie der Mythologie* zugrunde und der Ethnologe Pater Wilhelm Schmidt seinem monumentalen Werk über den *Ursprung der Gottesidee*. Für die Vertreter der Evolutionstheorie dagegen bildet der Monotheismus das Spät- und Reifestadium der religionsgeschichtlichen Entwicklung. Gegenüber diesen beiden wissenschaftlichen Theorien vertreten die monotheistischen Religionen selbst in der Innenansicht ihrer Selbstbeschreibung einen dritten Standpunkt: der Monotheismus steht weder am Anfang, noch am Ende irgendeiner Entwicklung, er wurde der Menschheit vielmehr von Gott selbst - und das heißt: von außen - geoffenbart.

In den historischen Wissenschaften hat sich seit dem 19. Jahrhundert der Evolutionismus durchgesetzt. Im Banne dieser Optik drängte sich dem Historiker von Anfang an die Frage nach Entwicklungslinien, Vorstufen und Parallelen auf. So wurden die orientalischen Religionen auf ihren Platz in dieser Werthierarchie und Aufwärtsentwicklung hin befragt und - wie kann es anders sein - von den Vertretern der entsprechenden Disziplinen möglichst hoch, möglichst nah dem absoluten Zenith des hebräischen Monotheismus eingestuft. Für Mesopotamien wäre hier z. B. auf A. Jeremias und B. Baentsch[1], für Ägypten neben vielen anderen auf E. de Rou-

[1] B. Baentsch, *Altorientalischer und Israelitischer Monotheismus*, Tübingen 1906; A. Jeremias, *Monotheistische Strömungen innerhalb der babylonischen Religion*,

gé[2] und H. Brugsch[3] zu verweisen. Dabei konnte es nicht ausbleiben, daß das Pendel in der Gegenrichtung ausschlug und in neueren Beiträgen die Rede von einem mesopotamischen oder ägyptischen Monotheismus mit ebenso scharfen wie schlagenden Argumenten abgewehrt wurde.

Heute wird die altägyptische Religion als Polytheismus eingestuft, mit vollem Recht natürlich, wenn man an die Fülle der Göttergestalten denkt, die uns hier entgegentritt. Zu fragen ist allerdings, was mit einer solchen Bezeichnung eigentlich gesagt ist. Sie erhält ihren Sinn nur in der Gegenüberstellung mit dem Monotheismus, dem Typus einer Religion also, die nur einem einzigen Gott gilt und die daher programmatisch auf der Einheit und Einzigkeit Gottes besteht.[4] Zwar ist „Monotheismus" kein antiker Begriff, sondern wird erst im 17. Jh. geprägt[5], aber er kann doch zumindest von da an als Selbstdefinition der unter diesem Begriff zusammengefaßten Religionen gelten. Kein Polytheismus definiert sich jedoch über Ablehnung von Einheit und Affirmation von Vielheit. So etwas gibt es nur im metaphorischen Gebrauch des Begriffs, z. B. bei Max Weber[6] und Odo Marquard[7]: als Affirmation einer unhintergeh-

Leipzig 1904. Wir befinden uns hier im Kontext der „religionswissenschaftlichen Schule", und hier in der unter dem Stichwort „Babel und Bibel" geführten Diskussion, vgl. dazu J. Ebach, „Babel und Bibel oder: das ‚Heidnische' im Alten Testament", in: R. Faber, R. Schlesier (Hrsg.), *Die Restauration der Götter, Antike Religion und Neopaganismus*, Würzburg 1986, 26–44.

2 E. de Rougé, in: *Revue archéologique* N.S. I 1, 1860, 72f. nach Erik Hornung, *Der Eine und die vielen. Altägyptische Gottesvorstellungen*, Darmstadt 1971, 4.

3 *Religion und Mythologie der alten Ägypter*, Leipzig 1891, 3f. und passim. In der Ägyptologie ist der wissenschaftliche Kontext der Monotheismus-Debatte ein ganz anderer als in der Assyriologie. Er orientiert sich nicht am biblischen Monotheismus, sondern am „philosophischen Monotheismus" der antiken Autoren. Diese Diskussion hat mit dem Babel-Bibel-Streit nichts zu tun, sie reicht viel weiter zurück, bis in die Anfänge der Ägyptologie, und, wie in diesem Aufsatz gezeigt werden soll, darüber hinaus ins 18. Jahrhundert.

4 Vgl. hierzu G. Ahn, „'Monotheismus' - 'Polytheismus'. Grenzen und Möglichkeiten einer Klassifikation von Gottesvorstellungen", in: M. Dietrich, O. Loretz (Hrsg.), *Mesopotamica - Ugaritica - Biblica. Festschrift für Kurt Bergerhof*, Kevelaer-Neukirchen 1993, 1-24, spez. 5-12.

5 R. Hülsewiesche, „Monotheismus", in: K. Gründer, J. Ritter (Hrsg.), *Historisches Wörterbuch der Philosophie* 6 (1984), 142-146; W. Schmidt, „Naissance des polythéismes (1624-1757)", in: *Archives des Sciences Sociales des Religions* 59, 1985, 77-90.

6 Zu Webers Begriff des „Polytheismus der Werte" vgl. W. Schluchter, *Religion und*

baren Vielheit. Das trifft aber auf die altägyptische Religion nicht zu, und ich vermute, daß es sich bei anderen Polytheismen ganz ähnlich verhält. Die Vielheit ist hier kein Thema, so wie in monotheistischen Religionen die Einheit und Einzigkeit ein Thema ist. Ganz im Gegenteil: in altägyptischen Texten stoßen wir vielmehr immer wieder auf eine emphatische Thematisierung von Einheit. Der Gedanke der Einheit, das „Denken des Einen", um Beierwaltes' treffende Formel aufzugreifen[8], spielt in den religiösen Texten der alten Ägypter eine zentrale und ständig wachsende Rolle.[9]

Die Frage, die mich beschäftigt, ist, wie man mit dieser Thematisierung der Einheit Gottes im Kontext einer polytheistischen Religion umgehen soll. Ich habe den Eindruck, daß ihr die Wissenschaft bisher nicht gerecht geworden ist. Der Basler Ägyptologe Erik Hornung, der sich wie kein anderer um ein tieferes Verständnis des Polytheismus verdient gemacht und unserer Frage ein grundlegendes Werk und einige gewichtige Aufsätze gewidmet hat[10], vertritt die Ansicht, daß wir in Ägypten mit einer mehrwertigen Logik rechnen müssen, für die Monotheismus und Polytheismus keinen Widerspruch darstellten.[11] Es handele sich vielmehr um komplementäre Aspekte. Für ägyptisches Denken habe es keinen Widerspruch bedeutet, eine Gottheit in voller Anerkennung der Existenz aller übrigen als die Eine und Einzige herauszustellen. Solche Rede

Lebensführung, Frankfurt 1988, Bd. I, 281-288; J. Freund, „Le polythéisme chez Max Weber", in: *Archives des Sciences Sociales des Religions* 61, 1986, 51-61.

7 Vgl. z. B. „Lob des Polytheismus. Über Monomythie und Polymythie", in: H. Poser (Hrsg.), *Philosophie und Mythos. Ein Kolloquium*, Berlin 1979, 40-58.

8 W. Beierwaltes, *Denken des Einen. Studien zur neuplatonischen Philosophie und ihrer Wirkungsgeschichte*, Frankfurt 1985.

9 Für Sammlungen und Interpretationen einschlägiger Belege vgl. z. B. E. Hornung, *Der Eine* (s. Anm. 10), 180-191; Verf., *Re und Amun. Die Krise des polytheistischen Weltbilds im Ägypten der 18.-20. Dynastie*, OBO 51, 1983, 189ff.; J. de Moor, *The Rise of Yahwism*, Löwen 1990, 42-50; J. Zandee, *Der Amunshymnus des Pap. Leiden I 344, verso*, Leiden 1992.

10 Erik Hornung, *Der Eine und die vielen. Altägyptische Gottesvorstellungen*, Darmstadt 1971; Ders., „Monotheismus im pharaonischen Ägypten", in: O. Keel (Hrsg.), *Monotheismus im Alten Israel und seiner Umwelt*, Biblische Beiträge 14, Fribourg 1980, 83-97; Ders., „Die Anfänge von Monotheismus und Trinität in Ägypten", in: K. Rahner (Hrsg.), *Der eine Gott und der dreieine Gott. Das Gottesverständnis bei Christen, Juden und Muslimen*, Katholische Akademie Freiburg 1983, 48-66; H. Brunner, „Monotheismus", in: *Lex. der Ägyptologie* IV, 1980, 198-200.

11 E. Hornung, *Der Eine*, 233ff.

gehöre zum Stil hymnischen Preisens. Mit echtem Monotheismus habe das nichts zu tun. Damit wandte sich Hornung gegen verschiedene ältere und neuere Theorien, die in diesen Thematisierungen des Einen Anzeichen von Monotheismus erkennen wollten. Drei solcher Theorien möchte ich herausgreifen und glaube damit das Feld der bis dahin vorgebrachten Deutungen auch weitgehend zu erschöpfen.

Eberhard Otto sprach von „monotheistischen Tendenzen" innerhalb des Polytheismus.[12] Die Ägypter hätten zwar viele Götter verehrt, aber innerhalb dieses polytheistischen Rahmens ließen sich doch vier Kontexte, vier Traditionen des Redens von Gott ausmachen, in denen die Einheit und Einzigkeit Gottes betont wird. Er identifizierte diese thematischen Brennpunkte als den „Schöpfergott", den „Herrschergott", den „Gott der Ethik" und den „Gott im Menschen". Wenn die Texte von Schöpfung reden, ist es immer ein einziger Gott, aus und von dem sie die Welt hervorgehen lassen; ebenso ist es ein einziger Gott, der als Herrscher die Welt in Gang hält und in dieser Funktion vom irdischen König repräsentiert, „abgebildet" wird. Schließlich reden die Texte, wo es um menschliche Verantwortung geht, meist nur von „dem Gott" und nicht „den Göttern". Und viertens gilt im Rahmen einer speziellen Lehre, auf die wir aber im folgenden nicht weiter eingehen wollen, das Herz bzw. das Gewissen als ein Gott im Menschen.

Siegfried Morenz hat eine evolutionistische Lösung vorgeschlagen und von der „Heraufkunft des transzendenten Gottes in Ägypten" gesprochen.[13] Jenseits der traditionellen polytheistischen Götterwelt habe sich Begriff und Kult eines einzigen transzendenten Gottes entwickelt, dessen immer stärkeres Hervortreten die Entwicklungslinie der ägyptischen Religion bestimme. Morenz korreliert den Aufstieg – die „Heraufkunft" – dieses transzendenten Gottes mit einem entsprechenden Abstieg des Königtums. Ursprünglich ist das Höchste Wesen im Pharao verkörpert, dann löst es sich aus dieser inkarnatorischen Identifikation und stellt sich als „Vater" über den König, schließlich wird der König zum bloßen „Abbild" und „Stellvertreter" Gottes auf Erden erklärt, was ihn in noch größere Distanz zum Höchsten bringt. Diese Theorie hat den Vorzug,

[12] E. Otto, „Monotheistische Tendenzen in der ägyptischen Religion", in: *Die Welt des Orients* 2, 1955, 99–110.

[13] S. Morenz, *Die Heraufkunft des transzendenten Gottes in Ägypten*, SSAW 109.2.

die historische Dimension des Phänomens in den Vordergrund zu stellen. Unbestreitbar tritt das Einheitsthema in den späteren Texten viel stärker hervor als früher. Die einseitig politische Interpretation dieser Entwicklung halte ich jedoch für eine allzu biblische Sicht der Dinge.

Die dritte Theorie ist viel älter, sie wird schon von den Gründungsvätern der Ägyptologie vertreten und von Hornung mit ganz besonderem Nachdruck zurückgewiesen. Sie basiert im Grunde auf einer wissenssoziologischen Argumentation. Sie unterscheidet zwischen einer praktischen und einer spekulativen Religion, zwischen Volksglauben und priesterlicher Philosophie, zwischen polytheistischer Façade und monotheistischem Kern. In den Thematisierungen der Einheit und Einzigkeit sieht sie die Äußerungen eines esoterischen Monotheismus für Eingeweihte.[14] Polytheismus und Monotheismus werden in dieser Theorie auf verschiedene Trägerkreise verteilt.

Mit dieser Theorie hat Hornungs vor 22 Jahren erschienenes Buch, wie es scheint, endgültig aufgeräumt. Wenn ich trotzdem dieses scheinbar erledigte Thema wieder aufgreife, dann unter dem Eindruck der Quellen: und zwar einer erheblichen Menge altägyptischer Hymnen, die sehr emphatisch von der Einheit und Einzigkeit Gottes sprechen und denen die jetzt vorherrschende Interpretation nicht ganz gerecht wird. Dieser Interpretation zufolge haben wir es hier nicht mit Monotheismus, sondern mit Henotheismus zu tun.[15] Der Unterschied wird so definiert: der Monotheismus schließt die Existenz anderer Götter radikal aus; unter „Henotheismus" dagegen versteht man einen Monotheismus des Affekts und der Stimmung, der im Augenblick des Lobpreises einen Gott über alle übrigen Mitglieder der als solcher aber nicht geleugneten polytheistischen Götterwelt als den Einzigen heraushebt.[16] Ich möchte hier

[14] Diesen Ausdruck prägte kein Geringerer als Thomas Mann, in: „Die Einheit des Menschengeistes" (*Ges. Werke* X, 752), wo er schreibt: „‚die Götter' sind genaugenommen, zumindest für das esoterische Wissen, nur Sonder-Erscheinungsformen von ihm (scil. Marduk)". Mann bezieht sich auf A. Jeremias, s. Anm. 1.

[15] Für die Ägyptologie ist hier v. a. E. Hornung zu nennen, für die Assyriologie etwa B. Hartmann, „Monotheismus in Mesopotamien?", in: O. Keel (Hrsg.), *Monotheismus im Alten Israel und seiner Umwelt*, 49–81.

[16] Zur Begriffsbestimmung: Unter „Monolatrie" versteht man die Verehrung eines einzigen Gottes, die die Verehrung anderer, als solcher nicht geleugneter Götter ausschließt. Als „Monotheismus" im strengen Sinne gilt der Glaube an einen

keinen Streit um Worte entfachen. Die Unterscheidung zwischen Monotheismus und Henotheismus ist zweifellos wichtig und sinnvoll; auf die hier interessierenden Phänomene trifft sie jedoch in meinen Augen nicht zu. Stimmung und Affekt finden sich viel eher auf Seiten des biblischen Eifersuchtsdramas als auf Seiten der ägyptischen Theologie.

Ich möchte nicht nur zwei verschiedene Formen von Monotheismus unterscheiden, sondern so weit gehen, zu behaupten, daß die beiden von Haus aus gar nichts miteinander zu tun haben. Der eine Monotheismus ist kosmologischer, der andere politischer Natur. Mit diesen Begriffen sind zwei Sphären menschlicher Erfahrung angesprochen, die ich zu dem rechne, was ich die Dimensionen der Götterwelt nenne.[17] Ich kann diese Konzeption hier nur in groben Umrissen andeuten; eine eingehendere Darstellung würde hier zu weit vom eigentlichen Thema abführen. Eine polytheistische Religion gilt nicht einem einzigen Gott, sondern einer Götterwelt. Diese Götterwelt hat eine bestimmte Struktur; es handelt sich nicht um ein chaotisches Durcheinander verschiedener Gottheiten. In der ägyptischen Religion treten hier vor allem drei strukturierende Ordnungsparameter hervor. Der eine ist die Sprache, die vor allem in Form einer narrativen Strukturierung, der Mythen, die Götter zueinander in Beziehungen der Verwandtschaft und der Handlungs- und Schicksalsverkettung setzt. Der andere ist der Kosmos, der das Modell eines Zusammenwirkens vieler verschiedenartiger Mächte vorgibt und der dritte ist die politische Organisation des Gemeinwesens, die auch den Göttern in ihren Tempeln und Städten irdische Herrschaft zuweist und die alle von Menschen ausgeübte Herrschaft als Repräsentation dieser göttlichen Herrschaft auslegt. Politische Gemeinschaft wird in dieser Dimension als Kultgemeinschaft realisiert. In diesen drei Ordnungsparametern oder Dimensionen einer polytheistischen Götterwelt erkennt man unschwer die theologia tripartita des Varro wieder, von der Augustinus berichtet und die ihrerseits auf älteren stoischen Traditionen beruht. Varro unterscheidet bekanntlich eine theologia mythike, physike und politike oder fabularis, naturalis und civilis.[18]

einzigen Gott, der den Glauben an das bloße Vorhandensein anderer Götter ausschließt.

17 Vgl. hierzu Verf., *Ägypten – Theologie und Frömmigkeit einer frühen Hochkultur*, Stuttgart [2]1991.

18 M. Terentius Varro, *Antiquitates Rerum Divinarum*, ed. Burkhart Cardauns,

Der politische Monotheismus argumentiert etwa folgendermaßen: alle Völker haben ihre Götter, wir aber haben den einzigen Jahwe. Diese Argumentation findet sich nur in Israel, und sie hat meines Erachtens von Anfang an und im innersten Kern politische Gründe. Natürlich wußten auch die anderen Völker, daß andernorts andere Götter verehrt werden bzw. die Götter andere Namen führen. Aber erstens hat man bereits im dritten Jt. v. Chr. angefangen, Übersetzungen und Äquivalenzen zusammenzustellen. Und zweitens findet sich nirgends die Anschauung, die Anerkennung fremder Götter käme einem Abfall von den eigenen Göttern, oder auch dem eigenen Gott, Singular, gleich und würde deren bzw. dessen Eifersucht erregen. Hier liegt etwas ganz besonderes und unvergleichliches vor, das man in keiner anderen der benachbarten Kulturen wiederfindet und der Grund dafür liegt, wie ich annehme und anderenorts näher ausgeführt habe, in einer neuartigen politischen Idee, einer neuen, in der damaligen Welt absolut einzigartigen Konzeption von Herrschaft und Gemeinschaft.[19]

Ein kosmologischer Monotheismus argumentiert dagegen mit der Einheit der Welt bzw. des Seienden - und der Einzigkeit ihres Ursprungs und des Prinzips ihrer Inganghaltung. Das ist eine völlig andere Argumentation. Sie verträgt sich durchaus mit der Anerkennung vieler Götter. Diese werden dann als Konstituenten der Welt angesehen, um deren einen Schöpfer und Erhalter es geht. Die beiden Monotheismen haben, wie gesagt, von Haus aus gar nichts miteinander zu tun. Der politische Monotheismus ist, um es überspitzt zu formulieren, die exklusive Erfindung Israels. Den kosmologi-

Wiesbaden 1976, Bd. I fr. 6, 7, 9, 10, S. 18-20 u. 37; Kommentar Bd. II, S. 139-142. Zur theologia tripartita vgl. E. L. Fortin, "Augustine and Roman Civil Religion: Some Critical Reflections", in: *Études Augustiniennes* XXVI, Paris 1980, 238-256; G. Lieberg, „Die theologia tripartita als Formprinzip antiken Denkens", in: *Rheinisches Museum* 125, 1982, 25-53; R. Schröter, „Die varronische Etymologie", in: *Varron. Entretiens sur l'antiquité classique* IX, Vandeouvre-Genève 1963, 79-100; W. Geerlings, „Die theologia mythica des M. Terentius Varro", in: G. Binder, B. Effe (Hrsg.), *Mythos. Erzählende Weltdeutung im Spannungsfeld von Ritual, Geschichte und Rationalität*, Bochumer Altertumswiss. Coll. 2, Trier 1990, 205-222. Zur theologia civilis im besonderen vgl. H. Cancik, „Augustinus als constantinischer Theologe", in: Jacob Taubes (Hg.), *Der Fürst dieser Welt. Carl Schmitt und die Folgen*, Religionstheorie und politische Theologie I, München 1983, 136-152.

[19] Vgl. Verf., *Politische Theologie zwischen Ägypten und Israel*, Reihe „Themen" der C. F. v. Siemens-Stiftung Bd. 52, München 1992.

schen Monotheismus dagegen findet man in den verschiedensten Ausprägungen überall: in Mesopotamien, in Ägypten und natürlich in Griechenland. Wenn man diesen Unterschied verwischt, dann sieht es leicht so aus als verlaufe eine Entwicklungslinie vom einen zum anderen, d. h. von den kosmologischen Monotheismen der Völker zum politischen Monotheismus Israels. Man würde zweifellos viele Mißverständnisse vermeiden, wenn man für die hier als „kosmologischen Monotheismus" bezeichnete Tradition den Begriff „Monotheismus" überhaupt vermeiden und statt seiner Beierwaltes' Begriff des „Denkens (und der Verehrung!) des Einen" übernehmen würde. Es handelt sich bei dem Begriff „Monotheismus" ja auch lediglich um eine neuzeitliche Etikettierung und keineswegs um eine antike, quellensprachliche Prägung.[20]

Die Bezeichnung „Monotheismus" für diese beiden Religionsformen und Denktraditionen ist zwar nicht antik, dafür aber ihre Nichtunterscheidung. Das entspricht der Absicht der jüdischen und christlichen Apologeten.[21] Ihnen geht es um den Nachweis, daß Moses nichts anderes gelehrt hat als die größten Philosophen der Völker und vor allem der Griechen, nur eben viel früher, entschiedener und klarer. Wenn Josephus Flavius und andere vom Gott des altisraelitischen Monotheismus sprechen, dann vertuschen sie, wie Norbert Lohfink einmal treffend formulierte, den Eifersuchtsroman und machen aus ihm die Nachricht vom unbewegten Beweger.[22] Wahrscheinlich entspringt diese Nichtunterscheidung sogar nicht einmal immer bewußter apologetischer Absicht, sondern entspricht einer allgemeinen Überzeugung. Ein besonders eklatantes Beispiel findet sich in den sibyllinischen Orakeln. Dort (I 137-140) wird die Selbstbezeichnung Jahwehs „Ich bin, der ich bin" (Ex 3,14) zitiert und im kosmotheistischen Sinn interpretiert: „Ich bin der Seiende (εἰμὶ δ' ἐγώγε ὁ ὤν), erkenne dies in deinem Geist: ich legte den Himmel an als Gewand, ich bekleidete mich mit dem Ozean, die Erde ist der Grund meiner Füße, die Luft umgibt mich als Körper und die Sterne umkreisen mich"[23]. Man wollte nicht nur, man

[20] Vgl. U. Mauser, „Εἷς θεός und μόνος θεός in Biblischer Theologie", in: *Jahrbuch für Biblische Theologie* 1, 1986, 71-87; G. Ahn, a.a.O.

[21] Y. Amir, „Die Begegnung des biblischen und des philosophischen Monotheismus als Grundthema des jüdischen Hellenismus", *EvTh* 38 (1978) 2-19.

[22] N. Lohfink, in: Rahner (Hrsg.), *Der eine Gott und der dreieine Gott*, 28-47, S. 31.

[23] R. Merkelbach, M. Totti, *Abrasax. Ausgewählte Papyri religiösen und magischen*

konnte den Unterschied vermutlich gar nicht sehen. In dieser Gottesrede werden sozusagen von höchster Stelle der politische und der kosmologische Monotheismus in eins gesetzt. „Die Luft ist mein Körper, Himmel und Ozean sind mein Gewand": so spricht der kosmische Gott, „le dieu cosmique", wie André-Jean Festugière ihn treffend genannt hat.[24] Er sagt nicht „Ich bin, der ich bin", sondern: ich bin das All. „Ich bin, der ich bin" sagt demgegenüber ein ganz anderer Gott, ein Gott, der auf nichts außerhalb seiner verweist, sondern allen kosmischen Identifikationen den Boden entzieht. Dieser Satz ist die Verweigerung, die Negation solcher kosmischen Immanenz.[25] Erst wenn man diesen kategorialen Unterschied verwischt, kann man Moses und Ägypten bzw. Moses und Griechenland in einen evolutionären Zusammenhang bringen.[26] Und genau darauf kam es offenbar an. Den einen kam es auf den Nachweis an, daß Moses bereits alles im Klartext gesagt hat, was die griechischen Philosophen dann in mehr oder weniger verschlüsselter Form gelehrt haben. Den anderen ging es um den Nachweis, daß Moses in allgemeingültige und verständliche Form gebracht hat, was in Ägypten als urtümliches Wissen von den Priestern gehütet worden war.[27]

Dieses zweite Motiv ist es, das mich im besonderen interessiert und dem ich in der folgenden Studie nachgehen möchte. Wir fassen hier ein wichtiges, ja vielleicht das wichtigste Stück einer Rezeptionsgeschichte des Alten Ägypten, die über den Untergang dieser Kultur und das völlige Unlesbarwerden ihrer Schriftquellen hinaus ein Wissen von und Interesse an dieser Kultur wachgehalten hat.

Inhalts, Bd. 2, Gebete (Abh. der rhein.-westf. Akad. d. Wiss., Sonderreihe Papyrologica Coloniensia, Opladen 1991, 131.

24 A.-J. Festugière, *La révélation d'Hermès Trismégiste* II: *Le dieu cosmique*, Paris 1949.

25 Zu Ex 3,14 vgl. u. a. O. Grether, *Name und Wort Gottes im A. T.*, Gießen 1934, 3ff.; W. v. Soden, *Bibel und Alter Orient*, Berlin 1985, 78–88; G. Fohrer, *Geschichte der israelitischen Religion*, Berlin 1969, 63ff.; J. C. de Moor, *The Rise of Yahwism*, Leuven 1990, 175; 237ff.

26 Vgl. hierzu A. J. Droge, *Homer or Moses? Early Christian Interpretations of the History of Culture*, Tübingen 1989.

27 Der hellenistisch-jüdische Schriftsteller Artapanus ght so weit, den Spieß umzudrehen und Moses zum Erfinder der ägyptischen Hieroglyphenschrift zu machen. Die Ägypter hätten ihn „Hermes" genannt wegen seiner Auslegung (hermeneia) der heiligen Schriften. Für Artapanus ist Moses kein anderer als Musaios, den er zum Lehrer des Orpheus macht. Vgl. dazu Droge, a.a.O., 25–35.

Dieses Kapitel der europäischen Rezeptionsgeschichte Ägyptens muß erst noch geschrieben werden. Meine folgenden Bemerkungen sind nichts als erste, tastende Sondierungsversuche auf einem wenig erforschten Terrain, für das ich als Ägyptologe nur eine höchst marginale Kompetenz in Anspruch nehmen kann. Ich lege sie vor in der Hoffnung auf kritische Mithilfe, denn hier läßt sich nur in Zusammenarbeit verschiedener Fächer und Kompetenzen weiterkommen.

2. Die Geschichte der Frage

Ich möchte von einem Text Friedrich Schillers ausgehen, der die antiken Überlieferungen brennpunktartig zusammenfaßt und sie an die im Entstehen begriffene Ägyptenforschung gewissermaßen als einen Auftrag weitergibt. In seinem Aufsatz über „Die Sendung Moses" vertritt Schiller (dem die Begriffe „Monotheismus" und „Polytheismus" noch fremd sind) die Auffassung, daß die Idee der Einheit Gottes aus Ägypten stammt und von Moses an die Hebräer weitergegeben wurde.[28] Schiller stellt sich die ägyptische Religion zweigeteilt vor: in eine öffentliche für die Menge und eine geheime für die Eingeweihten und Weisen. Die öffentliche beschreibt er als Vielgötterei bzw. „Paganismus" voller Aberglauben, Zauberei, Tierkult und sonstiger Absonderlichkeiten. Die geheime dagegen sei ein reiner Monotheismus gewesen. „Da Ägypten der erste kultivierte Staat war, den die Geschichte kennt, und die ältesten Mysterien sich ursprünglich aus Ägypten herschreiben, so war es aller Wahrscheinlichkeit nach hier, wo die erste Idee von der Einheit des höchsten Wesens zuerst in einem menschlichen Gehirne vorgestellt wurde".[29] Diese Einsicht blieb in Ägypten aber Sache weniger Eingeweihter. Zu tief hatte sich bereits die Vielgötterei festgesetzt, so daß mit der Abschaffung des alten Aberglaubens das ganze Staatsgebäude in sich zusammengebrochen wäre. „Man fand also für bes-

[28] F. von Schiller, *Sämmtliche Werke* X, Stuttgart 1836, 468–500. Zuerst erschienen im 10. Heft der Thalia. Ich verdanke den Hinweis auf diesen Text Wolf-Daniel Hartwich.

[29] Cf. Lukian, *De Dea Syria*, cap. 2: „Die Ägypter sollen die ersten von allen uns bekannten Völkern gewesen sein, die sich Begriffe von den Göttern gemacht haben. Nicht viel später hörten die Syrer von den Ägyptern die Rede über die Götter und errichteten Tempel und Heiligtümer".

ser, die neue gefährliche Wahrheit zum ausschließenden Eigenthum einer kleinen geschlossenen Gesellschaft zu machen, diejenigen, welche das gehörige Maß von Fassungskraft dafür zeigten, aus der Menge hervorzuziehen und in den Bund aufzunehmen, und die Wahrheit selbst, die man den unreinen Augen entziehen wollte, mit einem geheimnisvollen Gewand zu umkleiden, das nur derjenige wegziehen könnte, den man selbst dazu fähig gemacht hätte". Dieses Gewand ist die Hieroglyphenschrift, die als eine Geheimschrift verstanden wird. Sie schützt die gefährliche monotheistische Wahrheit, die eine Art politischen Sprengstoff darstellt. Moses aber habe den Ägyptern das Geheimnis, die monotheistische Idee, entrissen und sie dem Volke, aber nicht dem ägyptischen, sondern dem hebräischen, seinem Volke, offenbart.[30]

Denn Moses sei ägyptisch erzogen und in alle Geheimnisse eingeweiht worden. Bei den Priestern von Heliopolis lernt er die Hieroglyphen und mit ihnen die geheime Weisheit. „Und wenn man erst einmal einen Blick auf das, was man ägyptische Mysterien nennt, geworfen hat, so wird sich zwischen diesen Mysterien und dem, was Moses nachher getan und verordnet hat, eine merkwürdige Ähnlichkeit ergeben."[31] Diese Ähnlichkeit, so unterstellt Schiller, beruht in der Idee von der Einheit Gottes. „Es scheint außer Zweifel gesetzt", schreibt er, „daß der Inhalt der allerältesten Mysterien in Heliopolis und Memphis während ihres unverdorbenen Zustands, Einheit Gottes und Widerlegung des Paganismus war" (S. 481).

Schiller gibt seine Quellen nicht vollständig an.[32] Das war auch nicht nötig; er durfte sie als bekannt voraussetzen, denn er griff mit

[30] Eine ähnliche Ansicht über den esoterischen Charakter des außerbiblischen Monotheismus äußert auch Josephus, Contra Apionem II, 168, wo er schreibt: „Daß diese Lehren schön und der Natur und Größe Gottes geziemend sind, bezeugen mit allem Nachdruck die Weisesten unter den Hellenen. Pythagoras, Anaxagoras, Platon und die späteren Philosophen von der Stoa scheinen fast alle ebenso wie er (Moses, J. A.) über die Natur Gottes gedacht zu haben. Aber diese, die nur für wenige philosophierten, hatten nicht den Mut (οὐκ ἐτόλμησαν), die Wahrheit ihrer Lehre in die von falschen Meinungen voreingenommene Masse hinauszutragen. Unser Gesetzgeber dagegen brachte seine Taten mit seinen Worten in Einklang, und so gelang es ihm nicht nur, seine Zeitgenossen zu überzeugen, sondern auch allen nachfolgenden Geschlechtern für alle Zeiten den Glauben an Gott (τὴν περὶ θεοῦ πίστιν) unerschütterlich einzupflanzen". Zit. nach Amir, 6.

[31] F. von Schiller, *Sämmtliche Werke* X, Stuttgart 1836, 477.

[32] Er nennt „Manetho, Diodor, Tacitus, Lysimachus, Strabo und viele andere" (472) als Quellen für den Aufenthalt der Hebräer in Ägypten und ihren Exodus.

diesem Aufsatz in eine Diskussion ein, die im 18. Jahrhundert mit großem Engagement geführt wurde. Daß Moses in der Weisheit der Ägypter erzogen war, steht zwar nicht im Buch Exodus, aber in der Apostelgeschichte (Agp 7, 22). Daß diese Weisheit den Charakter von Mysterien hatte und einen esoterischen Monotheismus verkündete, diese Auffassung speist sich wohl aus der Lektüre des Jamblich und anderer ägyptischer Neuplatoniker sowie des Corpus Hermeticum. Die altägyptischen Texte selbst waren Schiller natürlich noch unzugänglich; die Hieroglyphen wurden ja erst ein Vierteljahrhundert später durch Champollion entziffert.

„Das, was man ägyptische Mysterien nennt", diese Wendung Schillers wird sich vor allem auf die Schrift des Jamblichus beziehen, die um 300 n. Chr. entstand und in der frühen Neuzeit von Marsilio Ficino und Nicolaus Scutellus unter dem Titel *De mysteriis Aegyptiorum* in lateinischer Übersetzung publiziert worden war. In dieser Schrift liest man z. B. vom „einzigen Gott", der „unbewegt im Alleinsein seiner Einheit verharrt" (ἀκίνητος ἐν μονότητι τῆς ἑαυτοῦ ἑνότητος μένων): „er existiert als die Grund- und Urform (παράδειγμα) des Gottesbegriffs, der sich selbst Vater und Erzeuger ist.. aus diesem Einen, der Einheit, ließ sich selbst der eine sich selbst genügende Gott erstrahlen (ἀπὸ δὲ τοῦ ἑνὸς τούτου ὁ αὐτάρκης θεὸς ἑαυτὸν ἐξέλαμψε)... er ist das Prinzip und der Gott der Götter (ἀρχὴ γαρ οὗτος καὶ θεὸς θεῶν), der Einfache aus dem Einen (μονὰς ἐκ τοῦ ἑνός), früher als das Sein und Ursprung des Seins".[33] Aus diesem Einen sei die Welt und mit ihr alle anderen Götter hervorgegangen. Die anderen Götter werden hier nicht geleugnet, aber sie werden so tief zu innerweltlichen Mächten in der Art von Dämonen oder Engeln herabgestuft, daß man auch dies einen Monotheismus nennen kann.[34]

Wir haben es hier mit einer klassischen Alleinheits-Theologie zu tun. Wir finden sie bei anderen ägyptischen Neuplatonikern, beson-

Diese Quellen findet man mit vielen anderen bequem zusammengestellt in der mehrbändigen Ausgabe von M. Stern, *Greek and Latin Authors on Jews and Judaism*, Jerusalem 1976ff. Für die Überlieferung einer ägyptischen Erziehung des Moses verweist er auf den „Apostel Stephanus" (Apg 7,22) sowie auf Philo von Alexandrien. Was aber den Inhalt dieser ägyptischen Erziehung betrifft, spricht Schiller nur pauschal vom „Zeugnis alter Schriftsteller" (477).

33 Jamblique, *Les mystères d'Égypte* ed. E. des Places S. J. (Collection Budé), Paris 1989, VIII.2, S. 195f.

34 G. Soury, *La démonologie de Plutarque*, Paris 1942; J. Hani, *La religion égyptienne dans la pensée de Plutarque*, Paris 1976, 225ff.

ders bei Plotin, sowie im Corpus Hermeticum. Heute verbucht man diese Texte als griechische Philosophie der Spätantike[35], im 18. Jahrhundert verstand man sie als ägyptische Theologie, der manche ein höheres Alter zuschrieben als Moses. Höheres Alter bedeutete damals aber zugleich höhere Wahrheit. In den Philosophiegeschichten des 18. Jh., allen voran in dem vielbenutzten fünfbändigen Werk von J. Brucker aus den Jahren 1742-44, hatten die „Philosophie" und die „Theologie der Ägypter", gestützt auf Jamblich, Plutarch und das Corpus Hermeticum, noch einen prominenten Platz.[36]

Trotz der Entlarvung des Corpus Hermeticum durch Isaak Casaubon als spätantiken Text (und, wie er zu Unrecht meinte, christliche Fälschung) im Jahre 1614[37] hielten im 18. Jh. noch erstaunlich viele an der Einschätzung dieser Überlieferung als prisca theologia fest.[38] Diese Hochdatierung und (darauf gegründete) positive Einschätzung der „ägyptischen Philosophie" oder „Theologie" hat eine entschieden religionskritische, aufklärerische Tendenz. Schiller ergreift hier eindeutig Partei, wenn er den hebräischen Monotheismus auf die ägyptische All-Einheitslehre zurückführt und damit den Unterschied zwischen dem Offenbarungs- und dem Verborgenheitsmonotheismus nivelliert. Die Devise dieser

[35] Diesen Standpunkt vertreten vor allem A. D. Nock und A. J. Festugière, denen die maßgebliche Ausgabe des *Corpus Hermeticum* verdankt wird, sowie A. J. Festugière in seinem vierbändigen Werk *La revelation d'Hermès Trismégiste*, Paris 1944-1954. Ein anderes Verständnis dieser Literatur, das den ägyptischen Anteilen mehr Rechnung trägt, vertritt etwa G. Fowden, *The Egyptian Hermes. A historical approach to the late pagan mind*, Cambridge 1986.

[36] J. Brucker, *Historia Critica philosophiae, a mundi incunabilis ad nostram usque aetatem deducta*, Leipzig 1742-44.

[37] Cf. Frances A. Yates, *Giordano Bruno and the Hermetic Tradition*, London 1964, 398-402. Im 18. Jh. wurde diese kritische Einstellung zur ägyptischen Überlieferung v. a. durch Bischof William Warburton vertreten, der sich in seinem Versuch über die Hieroglyphen der Ägypter (4. Sektion des 2. Teils seines Werks *Divine Legation of Moses Demonstrated from the Principles of a Deist* (1738), die 1744 ins Französische übersetzt wurde) entschieden gegen den Ansatz A. Kirchers wandte, die Weisheit des Corpus Hermeticum in die so viel älteren hieroglyphischen Inschriften hineinzulesen. Einen Reprint der deutschen Übersetzung von J. C. Schmidt, Frankfurt und Leipzig 1751-53, besorgte P. Krumme bei Ullstein, Frankfurt 1980.

[38] Vgl. Paolo Rossi, *The Dark Abyss of Time. The History of the Earth and the History of Nations from Hooke to Vico*, Chicago 1984 (= *I segni di tempo*, Mailand 1979), ch. 17 "The Egpytian Culture of Moses", S. 123-132.

Partei lautet Ἓν καὶ πᾶν, Eines und Alles.[39] Die Formel stammt aus dem Corpus Hermeticum und der alchemistischen Tradition[40], die sich ebenfalls auf Ägypten zurückführte[41], und sie dient als Signatur eines pantheistischen Spinozismus, der im späten 18. Jahrhundert die aufgeklärteste, philosophisch vertretbarste Sufe der - oder auch Gegenposition zur - religiösen Tradition darstellte.[42] Friedrich Heinrich Jacobi hat die Formel Ἓν καὶ πᾶν in seinem 1785 erschienenen Buch „Über die Lehre des Spinoza in Briefen an den Herrn Moses Mendelssohn" bekannt gemacht.[43] Seitdem ist sie in aller Munde; sie spielt bei Herder, Hölderlin, Goethe, Schelling eine Rolle. Jacobi hat sie von Lessing, den er 1780, kurz vor dessen Tod,

[39] Zum Folgenden vgl. bes. U. Hölscher, *Empedokles und Hölderlin,* Frankfurt 1965, 48–54.

[40] *Hen kai/to pan* als Hermetische Devise: Festugière, C. H. II, 234 ff. n. 8.; Festugière 1946, 55–71; Als Alchemistische Devise: Alchim. grecs I 84, 13. Cf. J. Assmann, *Zeit und Ewigkeit im Alten Ägypten,* Heidelberg 1975, 31 n. 94; id., „Primat und Transzendenz. Struktur und Genese der ägyptischen Vorstellung eines ‚Höchsten Wesens'", in: W. Westendorf (ed.), *Aspekte der spätägyptischen Religion,* Wiesbaden 1979, 38.

[41] Vgl. hierzu J. Lindsay, *The Origins of Alchemy in Graeco-Roman Egypt,* London 1970. Bisher hat man die Formel meist auf Heraklit zurückgeführt: ἓν πάντα εἶναι (Diels-Kranz, Fragmente der Vors. I Nr. 22, Fr. 50) sowie auf die „stoische Lehre von der kosmischen Alleinheit, wie sie Seneca formuliert: 'Dies All, das du erblickst, worin Göttliches und Menschliches beschlossen liegt, ist Eines; wir sind Glieder eines großen Leibes'" (U. Hölscher, *Empedokles,* 48). Die neoplatonische, hermetische und alchemistische Tradition, die man im 18. Jh. im Gefolge von Giordano Bruno als ägyptische verstand, ist jedoch dichter und expliziter, auch wenn sich die genaue Form ἓν καὶ πᾶν hier ebensowenig belegen läßt wie in der älteren griechischen. Die allernächste Parallele findet sich in der graeco-aegyptischen Zauberliteratur: PGM XIII 980 wird ein Buch zitiert mit dem Titel ἓν καὶ τὸ πᾶν als Band V der „Ptolemaika". Diese Quelle konnte zwar Lessing nicht gekannt haben. Aber sie zeigt m.E., wo der ursprüngliche geschichtliche Ort der Formel und der darin auf den Punkt gebrachten kosmotheistischen All-Einheitslehre zu suchen ist. Vgl. auch Anm. 44.

[42] Vgl. hierzu U. Hölscher, *Empedokles und Hölderlin,* Frankfurt 1965, 48–54 sowie T. McFarland, *Coleridge and the Pantheist Tradition,* Oxford 1969. Vgl. auch D. Henrich (Hrsg.), *All-Einheit. Wege eines Gedankens in Ost und West,* Stuttgart 1985.

[43] H. Scholz, Die Hauptschriften zum Pantheismusstreit zwischen Jacobi und Mendelssohn, Berlin 1916, vgl. H. Folkers, „Das immanente Ensoph. Der kabbalistische Kern des Spinozismus bei Jacobi, Herder und Schelling", in: Chr. Schulte (Hrsg.), *Kabbalah und Romantik* (im Druck). Ich danke H. Folkers herzlich für die Möglichkeit zur Einsichtnahme in seinen noch unpublizierten Aufsatz sowie für ausführliche mündliche Unterrichtung.

besucht hat. Lessing bekennt sich mit dieser Formel zu seinem Spinozismus.[44] Wir betreten hier ein umkämpftes Terrain. Ἓν καὶ πᾶν steht für einen neuen „Cosmo-Theismus“[45], in dem man die Rückkehr zum Ursprung, zu Ägypten erblickte. „Ägypten“ bezeichnet hier kein Forschungsgebiet, sondern eine polemische Position, die Utopie einer natürlichen Theologie oder „universellen Religion“.[46] Wenn man das übersieht, versteht man auch nicht, warum innerhalb der späteren Ägyptologie die Monotheismus-Debatte bis heute mit so viel Engagement geführt wird.[47]

Zu Schillers Quellen gehört vor allem auch Plutarchs Schrift *De Iside et Osiride.* Die Legende vom verschleierten Bild zu Sais, die dort im 9. Kap. erzählt wird, hat er ja zu einer berühmten Ballade verarbeitet. In diesem Kapitel behandelt Plutarch das Prinzip der verhüllten Wahrheit und nennt drei Beispiele, wie die Ägypter dieses Prinzip zum Ausdruck bringen: 1. durch die Sphingen vor den Tempeln, womit angezeigt wird, daß „ihre Theologie eine rätselvolle Weisheit enthält“, 2. durch das verschleierte Bild zu Sais, und 3. durch den Gottesnamen Amun, der nach Manetho „das Verborgene“ bedeuten soll, was übrigens völlig korrekt ist. Das verschlei-

44 A. Altmann, „Lessing und Jacobi. Das Gespräch über den Spinozismus“, in: *Lessing Yearbook* 3 (1971), 25–70 (nach Folkers). U. Hölscher, *Empedokles*, 49 m. Anm. 116 vermutet als Lessings Quelle den Cambridger Theologen Ralph Cudworth, dessen Werk *Systema intellectuale huius mundi*, Cambridge 1680, von J. L. Mosheim 1773 in lateinischer Übersetzung publiziert wurde, und als dessen Quelle Simplizius (über die Lehre des Xenophanes, „dies Eine und Allganze, τὸ ἓν τοῦτο καὶ πᾶν, sei Gott“). Aufschlußreich ist ein Brief Hamanns an Jacobi vom 1. 12. 1784, worin er zu dessen Buch Stellung nimmt (Briefe, ausgewählt, eingeleitet und mit Anmerkungen versehen von A. Henkel, Frankfurt 1988, 130–133).

45 Der Ausdruck „Cosmo-theismus“ wurde von F. H. Jacobi auf Spinoza geprägt, und zwar im negativen Sinne von „Welt-Vergötzung“, aber von den Zeitgenossen wurde Jacobis Spinoza-Kritik im positiven Sinne mißverstanden und als neues, pantheistisches Evangelium mit Begeisterung aufgenommen. Vgl. H. Timm, *Gott und die Freiheit, Bd. I: Die Spinozarenaissance*, Frankfurt 1974, 226 ff.

46 Das wichtigste Werk dieser Richtung ist C.F. Dupuis, *Origine de tous les cultes, ou la religion universelle*, 12 Bde. in 7, Paris 1795; 1822, vgl. hierzu M. Bernal, *Black Athena I: The Fabrication of Ancient Greece*, New Brunswick 1987, 181–183.

47 In diesen Zusammenhang gehört die Rolle der Freimaurer, die sich einerseits auf Ägypten beriefen und andererseits einen aufklärerischen Rationalismus kultivierten. Schiller verweist a.a.O., S. 481 ausdrücklich auf die Freimaurer als die Erben der ägyptischen Mysterien.

erte Bild zu Sais ist nach Plutarch ein Sitzbild der Athena-Isis mit der Aufschrift: „Ich bin alles was da war, ist und sein wird; kein Sterblicher hat jemals meinen Mantel (peplos) gelüftet".[48] Dieselbe Inschrift überliefert auch Proklos in seinem Timaios-Kommentar, und da er noch einen Satz anfügt, sieht es so aus, als vertrete er eine unabhängige und vollständigere Tradition. Dieser zusätzliche Satz lautet: „die Frucht meines Leibes aber ist die Sonne".[49]

Auch bei Plutarch besteht die verhüllte Wahrheit[50] in einer monotheistischen Idee. Denn die Rede der Isis-Athena läuft auf die Botschaft hinaus, daß sie alles und damit die einzige ist. Sie sagt „ich bin alles", und sie spezifiziert dieses „alles" in der Zeitdimension: was war, ist und sein wird. Damit impliziert sie, daß es außer ihr keine Götter gibt. Solche Lehren hatte Schiller im Blick, als er den Versuch unternahm, den Begriff der ägyptischen Mysterien, in die Moses eingeweiht worden sein soll, mit Inhalt zu füllen.

Und auch darin stand er in einer Tradition, die auf die Antike, ja sogar noch weit vor Jamblich und Plutarch zurückreicht.[51] Die These, daß Moses ein Ägypter war und den Hebräern den Monotheismus gebracht habe, begegnet bereits erstaunlich früh, lange vor den christlichen Kirchenschriftstellern, und zwar bei Manetho von Sebennytos, einem ägyptischen Priester, der in der ersten Hälfte des 3. Jh. v. Chr. lebte und eine Geschichte Ägyptens mit dem Titel

[48] ἐγώ εἰμι πᾶν τὸ γεγονὸς καὶ ὂν καὶ ἐσόμενον καὶ τὸν ἐμὸν πέπλον οὐδεῖς πω θνητὸς ἀπεκάλυψεν.– Plutarch, *De Iside et Osiride*, Kap. 9 (354C) ed. J. Gw. Griffiths, University of Wales Press 1970, 130f., 283f. J. Hani, *La religion égyptienne dans la pensée de Plutarque*, 244f. Schiller zitiert diesen Satz als Inschrift auf einer „Pyramide" und gibt die Inschrift „unter einer alten Bildsäule der Isis" nur als Kurzfassung „Ich bin, was da ist" (482).

[49] Proklos, *In Tim.* 30, s. Griffiths, a.a.O. 283.

[50] So ist das Motiv des „peplos" gemeint. Wenn man das ins Ägyptische übersetzt, dann gelangt man zu einer Formulierung, die man auf zwei ganz verschiedene Weisen übersetzen kann. **nn kjj wp ḥr.j* „es gibt keinen, der mein Gesicht aufdeckt" kann auch bedeuten: „es gibt keinen außer mir". Sollte es sich bei der Inschrift des verschleierten Bildes von Sais um den Übersetzungsfehler eines ägyptischen Dragoman handeln, der des klassischen Ägyptisch nicht mehr so ganz mächtig war? *nn kjj wp ḥr.k* „es gibt keinen außer dir" sagt z. B. der monotheistische König Echnaton zu seinem Gott Aton (z. B. Sandman [s. Anm. 68], 94.17 vgl. 7.7), es ist also die klassische monotheistische Formel im alten Ägypten. Aber für den Griechen ergibt das Motiv der Verhüllung natürlich einen wesentlich tieferen und reicheren Sinn.

[51] Vgl. zum Folgenden John G. Gager, *Moses in Greco-Roman Paganism*, Nashville/New York 1972.

Aigyptiaka schrieb. Dieses Werk ist zwar verloren, aber die uns interessierenden Abschnitte finden sich in voller Länge bei Josephus Flavius zitiert in seinem Werk *Contra Apionem*, wo er die Verleumdungen der Ägypter gegen die ihnen verhaßten Juden behandelt.[52] Vorher hatte schon Hekataios von Abdera, der Ägypten unter Ptolemaios I. bereiste, eine Darstellung des Exodus gegeben, die sich in manchen Punkten mit der von Manetho berührt.[53] Bei Hekataios aber ist Moses kein Ägypter und der von ihm vertretene (kosmologische) Monotheismus wird auch nicht mit ägyptischer Theologie in Verbindung gebracht. Für Schiller ist eindeutig Manetho und nicht Hekataios die entscheidende Quelle. Zunächst faßt Josephus in kurzen Worten zusammen, was Manetho aufgrund seiner ägyptischen *Schriftquellen* über die Juden berichtet. Dann zitiert er sehr ausführlich, was Manetho auf der Basis mündlich umlaufender Legenden und Volkserzählungen von den Juden erzählt. Diese Unterscheidung zwischen "Written" und "Oral History" ist für die Einschätzung des Folgenden sehr wichtig. Den Volkslegenden zufolge ist Moses ein ägyptischer Priester aus Heliopolis namens Osarsiph, der sich einer Gruppe Aufständischer anschloß, sich zu ihrem Führer machte und den Namen Moses annahm. Manethos Geschichte ist eine gehässige Verdrehung der biblischen Überlieferung und als ein Stück altägyptischen Volks-Antijudaismus von großem historischen Interesse. König Amenophis, so heißt es, habe die Götter sehen wollen. Sein weiser Ratgeber, der auch Amenophis hieß - übrigens eine historische Figur, von der wir zahlreiche Denkmäler kennen[54] - wies ihm den Weg: zuvor müßte er das Land von den Aussätzigen reinigen, dann würde er die Götter schauen.[55] Die von König Ame-

[52] Josephus, *Contra Apionem* I, 26-31, §§ 227-287. Ich benutze die Ausgabe der Manethonischen Fragmente von W. G. Waddell, *Manetho*, Loeb (1940). Vgl. auch Menachem Stern, *Greek and Latin Authors on Jews and Judaism*, I: From Herodotus to Plutarch, Jerusalem 1976, 62-86; Gager, *Moses*, 113-118.

[53] Erhalten bei Diodor, *Bibliotheca Historica* 40,3,1-3 = Stern, *Greek and Latin Authors*, I Nr. 11.

[54] Vgl. Dietrich Wildung, *Imhotep und Amenhotep*, MÄS 36, München 1977.

[55] Darin steckt übrigens ein ägyptisches Motiv. Das berühmte 125. Totenbuch-Kapitel, das sog. negative Sündenbekenntnis, ist überschrieben: „Das Antlitz der Götter schauen. Den NN von allen Sünden befreien, die er begangen hat." Wenn man die Götter schauen wollte, mußte man Schuld und Befleckung loswerden. Zwar wären die alten Ägypter wohl nie auf den Gedanken gekommen, Aussatz und moralische Schuld gleichzusetzen. Aber die Griechen dachten in diesem Punkt anders; ihr Begriff der „Befleckung" (*miasma*) verwischt diese

nophis zusammengetriebenen Aussätzigen verschanzen sich in der Stadt Awaris, der Hyksos-Hauptstadt im Ostdelta. Moses alias Osarsiph wirft sich zu ihrem Führer auf, indem er ihnen Gesetze gibt, die alles verbieten, was in Ägypten Brauch, und alles vorschreiben, was in Ägypten tabu ist. Das jüdische Gesetz erscheint in dieser Darstellung also als nichts anderes als eine bewußte kontradistinktive Verkehrung der ägyptischen Religion und Lebensform. Dazu gehört auch das Bilderverbot. Der Monotheismus wird zwar nicht explizit erwähnt, sondern nur die Verfolgung der ägyptischen Kulte und Götterbilder. Das hängt mit der unverkennbar polemischen Tendenz dieses Berichts zusammen. Aber es erscheint mir unfraglich, daß er implizit im Motiv des Ikonoklasmus enthalten ist. Die jüdische Religion war Manetho, der zur Zeit der Septuaginta-Übersetzung lebte, zweifellos in ihren Grundzügen bekannt. Offenbar empfanden die Ägypter die jüdische Lebensform als antiägyptischen Affront, worin ihnen der starke antiägyptische Impuls der hebräischen Texte, vor allem der Exodus-Überlieferung ja auch sehr entgegenkam.[56]

Grenze. Das Motiv des Aussatzes spielt bei Schiller eine große Rolle. Er erklärt ihn als eine infolge jahrhundertelanger Unterdrückung und Verelendung bei den Hebräern endemisch gewordene Seuche und verweist auf die entsprechenden Abschnitte des mosaischen Gesetzes (z. B. Lev 13).
Eine etwas abweichende Darstellung derselben Geschichte gibt Chairemon. Hier erscheint Isis dem König in einer Traumoffenbarung und tadelt ihn für die Zerstörung eines Tempels in Kriegszeiten. Der priesterliche Schreiber Phritibantes (= der Oberste des Tempels) gibt ihm den Rat, die Göttin durch Austreibung der Aussätzigen zu besänftigen. Daraufhin treibt der König 250000 Aussätzige zusammen und verbannt sie aus dem Land. Ihre Anführer waren Moses und Joseph. In Pelusium stoßen 380000 Auswanderer zu ihnen, denen König Amenophis die Ausreise verweigert hat. Zusammen erobern sie Ägypten, der König muß nach Nubien fliehen und erst seinem Sohn und Nachfolger Ramses gelingt es, die „Juden" nach Syrien zu vertreiben und Ägypten zurückzuerobern. Zu Chairemon vgl. P. W. van der Horst, *Chaeremon. Egyptian Priest and Philosopher*, Leiden 1984, bes. 8f. und 49f.

56 Vgl. hierzu J. Yoyotte, „L'Égypte ancienne et les origines de l'antijudaisme", in: *RHR* 163, 1963, 133–143. Eine in vielen Punkten entsprechende Erzählung des Exodus findet sich bereits bei Hekataios von Abdera. Dort nehmen die Ereignisse ihren Ausgang von einer Pest, die in Ägypten wütet. In der Absicht, die erzürnten Götter zu versöhnen und zu reineren Kult- und Lebensformen zurückzukehren, werden die Fremden aus Ägypten vertrieben. Die einen gründen Kolonien in Griechenland, die anderen in Palästina. Moses wirkt als Gründer und Gesetzgeber der Jerusalemer Kolonie. Vgl. M. Stern, a.a.O., 20–44. Eine ähnliche Tradition findet sich bei Tacitus. Während einer Pest in Ägypten habe

Explizit wird die Verbindung von Bildersturm und Monotheismus bei Strabo.[57] Bei ihm findet sich dieselbe Überlieferung, aber ohne die antijüdischen Obertöne. Moses war ein ägyptischer Priester, der sich aus Unzufriedenheit „über das Bestehende in Aigyptos" den Hebräern anschloß. Er lehrte, nur „jenes Eine Wesen sei Gott, welches uns alle und Erde und Meer umfaßt, welches wir Himmel und Erde und Natur der Dinge nennen" (εἴη γὰρ ἓν τοῦτο μόνον θεὸς τὸ περιέχον ἡμᾶς ἅπαντας καὶ γῆν καὶ θάλατταν, ὃ καλοῦμεν οὐρανὸν καὶ κόσμον καὶ τὴν τῶν ὄντων φύσιν). Diese Gottheit könne kein Bild wiedergeben. „Man müsse vielmehr alles Bildnismachen unterlassen und die Gottheit verehren ohne Bildnis".[58] Worauf es allein ankommt, um Gott nahe zu kommen, sei, „tugendhaft und in Gerechtigkeit zu leben".[59] Übrigens seien die Hebräer später von der reinen Lehre abgefallen und hätten abergläubische Sitten entwickelt wie Speiseverbote, Beschneidung und andere Gesetze.

ein Orakel dem König Bokchoris aufgetragen, das Land zu reinigen „und diese Rasse in andere Länder zu deportieren, weil sie den Göttern verhaßt sei" (Stern, a.a.O. Bd. II, Nr. 281, S. 18 und 25 § 3.1). Auch Tacitus charakterisiert den jüdischen Gottesbegriff als monotheistisch und anikonisch: *Aegyptii pleraque animalia effigiesque compositas venerantur, Iudaei mente sola unumque numen intellegunt: profanos, qui deum imagines mortalibus materiis in species hominum effingant; summum illud et aeternum neque imitabile neque interiturum* (ibid. § 5.4).

57 Wie K. Reinhardt, *Poseidonios über Ursprung und Entartung*, Orient und Antike 6, 1928, festgestellt hat, basiert Strabon hier auf Poseidonios, cf. M. Stern, *Greek and Latin Authors*, I, 264. Die Verbindung von Anikonismus und Monotheismus findet sich schon bei Hekataios: ἄγαλμα δὲ θεῶν τὸ σύνολον οὐ κατεσκεύασε διὰ τὸ μὴ νομίζειν ἀνθρωπόμορφον εἶναι τὸν θεόν, ἀλλὰ τὸν περιέχοντα τὴν γῆν οὐρανὸν μόνον εἶναι θεὸν καὶ τῶν ὅλων κύριον „Götterbilder ließ er jedoch nicht herstellen, weil er glaubte, daß Gott keine menschliche Gestalt habe, sondern vielmehr der die Erde umfassende Himmel allein göttlich sei und Herr über Alles", Stern, a.a.O. Nr. 11 (4), S. 26.

58 Strabon argumentiert hier auf der Linie einer auch sonst vertretenen Theologie, derzufolge der Kosmos der wahre Tempel der Gottheit ist. Das ist ein Argument gegen den Bildkult, der am Sinn des biblischen Bilderverbots vollkommen vorbeigeht. Dort geht es um die Treue zu dem Einen; Bilder sind gleichbedeutend mit „anderen Göttern". Hier geht es um die Unangemessenheit einer Verkürzung des Umfassenden und Unsinnlichen (der das All durchwaltende Logos ist nur dem Verstande, nicht den Sinnen erfaßbar) auf das konkrete Kultobjekt. Vgl. hierzu auch Amir, a.a.O. (Anm. 21), 7.

59 Strabon, *Geographica* XVI, 2:35; Strabons Erdbeschreibung, übers. v. Chr. Gottlieb Großkurd, Berlin/Stettin 1833, Bd. III, S. 264f. M. Stern, a.a.O., 261–351, spez. 294f. (35).

Bei Strabo/Poseidonios stoßen wir auf eine sehr ähnliche All-Einheits-Theologie wie bei Plutarch in seiner Geschichte vom verschleierten Bild zu Sais. Wurde bei Plutarch der Begriff des „Alles“ zeitlich entfaltet - alles, was war, ist und sein wird - so ist dieser Begriff bei Strabon eher räumlich gedacht: „jenes Eine Wesen sei Gott, welches uns alle und Erde und Meer umfaßt, welches wir Himmel und Erde und Natur der Dinge nennen“. Das ist wiederum der Eine Gott, der Alles ist, der All-Eine. Von Verschleierung und Verborgenheit ist bei Manetho und Strabo allerdings nicht die Rede. Was Moses den Hebräern brachte, war nicht eine ägyptische Geheimtradition, sondern etwas Neues und Revolutionäres, was in Ägypten selbst keine Vergangenheit und keine Zukunft hatte. Hier ist offensichtlich nicht an einen evolutionären und esoterischen, sondern an einen revolutionären Offenbarungs-Monotheismus gedacht.[60]

Heute wissen wir, was Manetho, Strabo und ihre ägyptischen Zeitgenossen nicht wissen konnten: daß es einen solchen revolutionären Offenbarungsmonotheismus in Ägypten tatsächlich einmal gegeben hatte, daß er tatsächlich für eine gewisse Zeit - die 13 Jahre bei Manetho passen gar nicht schlecht - ins Werk gesetzt wurde, und daß die Form seiner Durchsetzung tatsächlich mit Vandalismus und Ikonoklasmus der schärfsten Form verbunden gewesen war. Es scheint mir offensichtlich, daß sich hier vage Erinnerungen an die in den offiziellen Quellen totgeschwiegene Amarna-Religion in Form einer mündlichen Überlieferung erhalten haben. Es kann doch kein Zufall sein, daß diese Legenden die Moses-Geschichte in die Zeit Amenophis III. verlegen, des Vaters von Echnaton, dem die Regierungszeit seines aus den Königslisten gestrichenen Sohnes zugeschlagen wurde. In der Volksüberlieferung hatten sich legendäre Erinnerungen an diese traumatische Epoche um so eher bilden und erhalten können, als ja die Folgen der totgeschwiegenen Amarna-

[60] Die Ansicht, daß Moses den Juden eine ägyptische Religion brachte, findet sich auch bei Apion. Auch für Apion ist Moses ein Ägypter aus Heliopolis, der die Juden aus Ägypten herausgeführt hat. In Jerusalem angekommen, „blieb er den Sitten seines Landes verpflichtet und errichtete hypaithrale (ungedeckte) Gebetshäuser in verschiedenen Teilen der Stadt, alle nach Osten ausgerichtet, weil das die Orientierung in Heliopolis sei. Anstelle der Obelisken errichtete er Pfeiler, unterhalb derer sich ein Schiffsmodell befand. Der von der Statue auf dieses Bassin geworfene Schatten beschrieb einen Kreis analog dem Lauf der Sonne am Himmel“ (Stern, a.a.O., Nr. 164).

Revolution an den Denkmälern im Lande allenthalben zu sehen waren, trotz der ramessidischen Restaurierungsarbeiten. Diese Erinnerungen hatten sich später vermischt mit dem, was man an jüdischer Religion erlebte und in Erfahrung brachte.

Wir können also zwei Traditionsstränge unterscheiden, die von einem ägyptischen Monotheismus wissen und die beide in die Antike zurückreichen. Der eine verbindet sich vor allem mit Plutarch und Jamblich. Hier geht es um einen esoterischen Verborgenheits-Monotheismus. Der andere verbindet sich mit Strabo und Manetho. Hier geht es um einen revolutionären Monotheismus, der mit Gewalt durchgesetzt wurde, also nicht mit Geheimhaltung und Esoterik verbunden war. In den beiden folgenden Kapiteln sollen diese beiden Traditionsstränge mit den ägyptischen Quellen konfrontiert werden.

3. Die monotheistische Revolution des Echnaton von Amarna.

Echnaton und sein religiöser Umsturz sind erst in den 80er Jahren des vorigen Jahrhunderts wiederentdeckt worden.[61] Nicht einmal in Ägypten selbst hat man fünfzig oder hundert Jahre nach Echnatons Tod noch etwas davon gewußt. Sein Name war aus den Königslisten gestrichen, seine Inschriften getilgt, seine Bauten abgerissen worden. Nichts erinnerte später an dieses revolutionäre Intermezzo, das für längstens 20 Jahre die ägyptische Welt auf den Kopf gestellt hatte. Auch von dem berühmten Sonnengesang des Königs und anderen Hymnentexten findet sich nicht die geringste Spur in späteren ägyptischen Sonnenhymnen. Die monotheistische Religion ist in Ägypten weder rezipiert noch tradiert, sondern sofort wieder vergessen worden. Zwischen ca. 1340 v. Chr., als der Text im Grab des Eje aufgezeichnet wurde, und ca. 1884 n. Chr., als erstmals ein Ägyptologe ihn der Öffentlichkeit wieder zugänglich machte, war dieser Text nicht mehr gelesen worden. Man muß diese Vergessensgeschichte kennen, um die Bedeutung seiner Wiederentdeckung ermessen zu können. Auch das Gilgamesch-Epos ist nach jahrtausendelanger Vergessenheit wiederentdeckt worden. Aber es

[61] Zur Entdeckungsgeschichte der Amarna-Religion vgl. E. Hornung, in: *Journal of the American Research Center in Egypt*, XXIX, 1992, 43-49.

hat doch wenigstens im Rahmen seiner eigenen Kultur eine beachtliche, ebenfalls jahrtausendelange Rezeptionsgeschichte gehabt. Hier aber geht es um einen Text, der von keinen Schriftgelehrten tradiert und ausgelegt wurde, sondern unmittelbar nach seiner ersten Zirkulation wieder in Versenkung und Vergessenheit geraten ist.

Um so überraschender ist nun, daß der Hymnus sofort nach seiner Wiederentdeckung eine Resonanz fand, wie sie keinem anderen ägyptischen Text beschieden war. Die Sensation dieses Textes besteht darin, daß er einen Monotheismus reinster Prägung vertritt, der in seiner radikalen Leugnung aller anderen Götter, ja der Vermeidung des Wortes „Gott" - im Singular und vor allem im Plural - noch über die biblischen Texte weit hinausgeht. Echnatons Monotheismus - darin liegt der entscheidende Unterschied zum biblischen - ist „kosmotheistisch"[62], er beruht auf der Verehrung einer *kosmischen* Macht, die sich als Sonne und zwar in Licht und Zeit, Strahlung und Bewegung, manifestiert. Seine Offenbarung besteht nicht in moralischen Gesetzen und geschichtlichem Handeln, sondern in der Erkenntnis, daß sich *alles* - die gesamte sichtbare und unsichtbare Wirklichkeit - auf das Wirken von Licht und Zeit, und damit der Sonne, zurückführen läßt. Echnaton glaubte das *eine* Prinzip entdeckt zu haben, aus dem die Welt hervorging und täglich aufs neue hervorgeht. Da er kosmotheistisch dachte, war es für ihn selbstverständlich, daß dieses Prinzip ein Gott sei; und da dieses Prinzip einzig war und als ein einziges alle anderen aus ihm abzuleiten gestattete, war es für ihn weiterhin klar, daß es neben diesem keine anderen Götter geben könne. Das war keine Frage von „Treue" und „Eifersucht" (*qn'*), wie im frühen biblischen Henotheismus, sondern von Wissen und Wahrheit. Mit dieser Erkenntnis stellt sich Echnaton an den Anfang einer Reihe, die erst 700 Jahre später die jonischen Naturphilosophen fortsetzen mit ihrer Frage nach dem einen, alles bedingenden und alles erklärenden Prinzip,

[62] Vgl. z. B. Verf., *Stein und Zeit, Mensch und Gesellschaft im Alten Ägypten*, München 1991, 59ff. Unter „Kosmotheismus" verstehe ich ein auf der Übersetzung von der Göttlichkeit des Kosmos beruhendes Weltverständnis, das diese Göttlichkeit zunächst und natürlicherweise als Vielheit erfährt, aber dabei die Einheit des Kosmos immer mitdenkt und sie schließlich sogar als das dominierende Prinzip ins Zentrum rücken kann. Der Begriff wurde von F. H. Jacobi geprägt, vgl. Anm. 45.

eine Reihe, die bei den Weltformeln unserer Tage, bei Einstein und Heisenberg endet.[63]

Diese neue Weltformel wurde vom König aber als eine *religiöse* Offenbarung erfahren, die er mit äußerster Radikalität in die Wirklichkeit umsetzte. Alle traditionellen Kulte wurden geschlossen, nur noch der neue Gott „Aton", und auch dieser so gut wie nur noch in Amarna, durften verehrt werden. Mit diesem Schritt stellte sich Echnaton an den Anfang einer ganz anderen Reihe, die nach ihm der eher legendäre Moses sowie später Buddha, Jesus und Mohammed fortsetzten: die Reihe der Religionsstifter. Die Amarna-Religion ist die erste *gestiftete* Religion der Geschichte.

Der neue Gott ist die Sonne bzw. ägyptisch „die *lebendige* Sonne".[64] Die *lebendige* Sonne ist jene Energie, die durch ihre *Bewegung* die Zeit und durch ihre *Strahlung* das Licht und damit alle sichtbaren Dinge hervorbringt. Die Sonne ist natürlich auch in der traditionellen Religion göttlich verehrt worden. Der Sonnengott ist sogar in Ägypten der Schöpfer- und Reichsgott, der die Welt durch seine scheinbare Bewegung um die Erde, den „Sonnenlauf", in Gang hält. Aber dieser Sonnenlauf ist eine kollektive Veranstaltung, die gesamte Götterwelt ist daran beteiligt, und daher ist der traditionelle Sonnengott auch ein „konstellativer" Gott. Damit ist gesagt, daß er seinen Wesen nur in Rollen entfaltet, die er im Rahmen von Konstellationen mit anderen Gottheiten spielt. Er wird am Morgen als Kind aus der Mutter- und Himmelsgottheit geboren, in die er am Abend als Greis wieder eingeht. Am Mittag, in der Himmelshöhe, steht er im Zenith seiner Kraft; jetzt findet das Strafgericht am Feind statt, in dem sich alle Kräfte verkörpern, die der Harmonie des kosmischen Lebens entgegenstehen und es mit Stillstand und Auflösung bedrohen. Des Nachts vereinigt sich der in die Erdtiefe hinabgesunkene Gott mit Osiris, dem Gott der Toten und der Vergangenheit, um den neuen Tag an die vergangenen zu binden und die Kontinuität der Zeit zu gewährleisten. In solchen und vielen anderen mythischen Bildern von großem Reichtum und Geheimnis

[63] Vgl. J. P. Allen, "The Natural Philosophy of Akhenaten", in: W. K. Simpson, ed., *Religion and Philosophy in Ancient Egypt*, YES 3. New Haven 1989, 89-101. Zu Geschichte und Religion der Amarnazeit vgl. ferner D.B. Redford, *Akhenaten, the Heretic King*, Princeton 1984; H. A. Schlögl, *Echnaton - Tutenchamun. Fakten und Texte*, Wiesbaden ²1985; C. Aldred, *Akhenaten, King of Egypt*, London 1988.

[64] Vgl. Verf., Akhanyati's Theology of Light and Time. *Proceedings of the Israel Academy of Sciences and Humanities*, VII 4, Jerusalem 1992, 143-176.

entfaltet das traditionelle polytheistische Weltbild den Sonnenlauf; auch darüber wäre viel zu sagen, aber es ist hier nicht unser Thema. Denn mit diesem Sonnengott und diesem Weltbild hat der Gott Echnatons nichts zu tun. *Er* ist bei seinem Lauf allein. Alle mythischen Bilder sind aus den neuen Texten verbannt. Es gibt keinen Feind, keine Himmelsmutter, keinen Vater in der Unterwelt. Der Sonnenlauf hat nichts zu tun mit Geburt und Tod, Gerechtigkeit und Herrschaft und anderen Bildern, in denen sich die Existenzialien der Menschenwelt spiegeln. Mit diesen Mythen wird radikal gebrochen. Das neue Bild vom Sonnenlauf ist antimythisch, antikonstellativ und anti-anthropomorph. Von diesem Gott wird nur das ausgesagt, was das forschende Auge und der denkende Geist des Königs als Wirkungen von Licht und Bewegung der Sonne auszumachen vermag: also eine strikt heliomorphe Theologie.

Als Religionsstifter war Echnaton ein Aufklärer und Bilderstürmer. Die umwälzende Stoßkraft der neuen Lehre äußert sich mehr in dem, was sie negiert, verwirft und ausschließt als in dem, was sie positiv darlegt. Diese negierende Stoßkraft äußert sich aber nicht in Worten, sondern in Taten, in Form einer großangelegten Razzia, hinter der die Josianische Kultreform in Israel 600 Jahre später an Radikalität weit zurückbleibt. Polizei und Militär durchstreiften das Land, um in allen Inschriften den Namen des verfemten Gottes Amun zu tilgen; auch andere Götternamen sowie der Plural des Wortes „Gott" wurden verfolgt, aber weniger systematisch.[65] Die traditionelle Religion sollte genauso totgeschwiegen und vergessen werden, wie es später mit der neuen Religion geschah. Was an die Stelle einer ungeheuren Fülle traditioneller Tempel und Kulte, Riten und Feste, Mythen, Hymnen, Bilder gesetzt wird, sind eine Handvoll Hymnen, die die neue Lehre entfalten, ein puritanischer Kult ohne Magie und Symbolik und eine massive Präsenz der königlichen Familie. Zweifellos hätte sich das alles noch ausgebaut und angereichert, wenn der neuen Religion wenigstens einige Jahrhunderte der Entfaltung vergönnt gewesen wären. So fassen wir sie in diesen Texten nur in ihrem allerersten Anfangsstadium. Dies

[65] Die Zerstörungen erstreckten sich im Süden bis Kawa, Soleb und Faras in Nubien. Vgl. R. Hari, „La religion amarnienne et la tradition polythéiste", in: *Studien zur Sprache und Religion Ägyptens* (Fs. W. Westendorf), Wiesbaden 1984, 1039–55; Ramadan Saad (1972), *Les martelages de la xviii.e dynastie dans le temple d'Amon-Ré à Karnak*, unpubl. Diss., Lyon (*non vidi*).

aber ist in der Religionsgeschichte ein Unikum. Wo sonst wäre uns eine neue Religion in einem vergleichbaren Anfangsstadium erhalten geblieben? Überall sonst müssen wir diese Anfänge aus den späteren Berichten und Lehrgebäuden rekonstruieren. Hier dagegen gibt es kein Später, keine Tradition, die ja immer auch Verfälschung ist, keine Rezeption, keine Redaktion, kein Aus- und Umbau, keine Interpretation und Adaption. Hier spricht ein Revolutionär und Religionsstifter zu uns in der Morgenfrische der ersten umstürzenden Worte.

Der wichtigste Text, der sog. Große Hymnus[66], ist dreigeteilt. Der erste Teil gibt eine Schilderung des Sonnenlaufs. Aus den polytheistischen Konstellationen, die das traditionelle „Tageszeitenlied" in mythischen Bildern entfaltet, ist hier das Gegenüber von Gott und Welt geworden. Da ist keine Mutter mehr, die den Gott des Morgens gebiert, keine Ammen, die ihn aufziehen, kein Feind, den es zu überwinden gilt, kein Totenreich, in das der Gott des Nachts hinabsteigt. Gegenüber dem einen Gott gibt es nur die eine Welt, Objekt und Gefäß seiner lebensspendenden Energien. Die Kraft der religiösen Vision und die poetische Größe des Textes äußern sich in dem liebevollen Detailreichtum, mit dem diese Belebung ausgemalt wird: die Menschen erwachen, waschen sich, kleiden sich an und gehen an die Arbeit, die Tiere springen auf, die Vögel erheben sich in die Luft, die Fische hüpfen im Wasser und die Schiffe fahren stromauf und stromab. Der theologische Sinn dieser Schilderung liegt darin, daß die bloße Lebensregung als solche schon ein Lobpreis Gottes ist, den alle Kreatur am Morgen anstimmt und in den der Mensch nur einstimmt. Der Lobpreis der Kreatur äußert sich nicht in Worten, sondern in der kreatürlichen Hinwendung zum Sonnenlicht. Auch der Gott spricht nicht, sondern leuchtet. Das religiöse Geheimnis, der Heils-Sinn des kosmischen Geschehens liegt

[66] Die erste Edition dieses Textes wird U. Bouriant verdankt: *Mission Archéologique Française au Caire* I, Kairo 1884, 2-5 und in U. Bouriant, G. Legrain, G. Jéquier, *Monuments du culte d'Atonou* (1903) Tf. xvi und S. 30; die maßgebliche Edition stammt von N. de Garis Davies, *The Rock Tombs of El-Amarna* VI, London 1908, Tf. xxvii, xli, S. 29-31. Zu den ersten Übersetzern und Kommentatoren gehört v. a. J.H. Breasted, *De Hymnis in Solem sub rege Amenophide IV conceptis* Diss. Berlin 1884. Neuere deutsche Übersetzungen: Verf., *Ägyptische Hymnen und Gebete (ÄHG)*, Zürich 1975, Nr. 92; Ders., in: O. Kaiser (Hrsg.), *Texte aus der Umwelt des Alten Testaments (TUAT)*, II, Gütersloh 1991, 848-853; E. Hornung, *Gesänge vom Nil*, Zürich 1990, 137ff.

nicht mehr in den mythischen Bildern, die es transparent machen auf menschliches Schicksal, sondern in der Bio-Physik der natürlichen Vorgänge.

Der zweite Teil des Hymnus besingt die Schöpfung. In seiner traditionellen Form ist das ein mythisches Thema, das von der allerersten Ur-Zeit erzählt. Echnaton beschränkt sich auf die sinnlich erfahrbare Gegenwart und behandelt Schöpfung einerseits als Embryogonie: das Entstehen des Lebens im Mutterleib, und andererseits als Ökologie: die weise Einrichtung der Welt, in der alle auf ihre Weise versorgt sind. Die Welt ist nun nicht mehr wie früher einfach mit Ägypten gleichgesetzt, sondern umfaßt viele Länder und Völker, unterschieden nach Hautfarben, Sprachen und Lebensbedingungen. Denn nur Ägypten lebt vom Wasser, das aus der Tiefe kommt, die anderen leben vom Regen, dem „Nil am Himmel".[67] Der dritte Teil ist der neuartigste von allen, er hat überhaupt kein Vorbild in der Tradition. Er kreist um einen ägyptischen Begriff, den man mit den Worten „Verwandlung, Verkörperung, Emanation" umschreiben kann, abgeleitet von dem ägyptischen Wort für „werden, entstehen", das mit dem Bild des Skarabäus geschrieben wird. Der Skarabäus ist das Symbol für diese Urkraft des Werdens, die den Ägypter genauso fasziniert hat, wie die Griechen das entgegengesetzte Prinzip des „Seins". In diesem Teil geht es um das „Werden" der Sonne, die, indem sie scheint und sich bewegt, zu dem wird, was sie hervorbringt und sichtbar macht. Dabei ist aber auch die sichtbare Sonne selbst eine Verkörperung des Gottes: sie ist seine Verkörperung am Himmel, die Schöpfungswelt seine millionenfache Verkörperung auf Erden. Im Begriff der Verkörperung verwischen sich die Grenzen von Schöpfer und Geschöpf. Alles, was im Licht sichtbar wird, geht als Verkörperung aus ihm hervor. Die vom Licht erschlossene, geordnete, begehbare Welt: „Städte und Dörfer, Acker, Weg und Fluß", ist Verkörperung Gottes.

Gott und Schöpfung sind zwar im Leuchten und Schauen innig verbunden, aber diese Verbundenheit vollzieht sich nicht in der

[67] Für das Motiv der verschiedenen Bewässerungsbedingungen als Aspekt der wohleingerichteten Welt vgl. auch den ersten Teil von Ps. 104. Das Motiv des „Nils am Himmel" kommt auch sonst in ägyptischen Hymnen vor, vgl. ÄHG Nr. 127B, 45f.; Nr. 195, 166; 143, 46, 100ff., 164f. (cf. p. 590 ad loc.); 144C, 39; 214, 29–32 (Totenbuch Kap. 183); 242, 7–8 (cf. Plaas, D. v. d., *De hymne aan de overstroming van de Nijl*, Diss. Utrecht (1980), 16f. und 60–63); cf. A. P. Zivie (1983), „Regen", in: *Lexikon der Ägyptologie* V, 201–206, bes. 202 und 204.

Sprache und im verstehenden Geist. Das ist allein die Sache des Königs. Die Geschöpfe haben Augen, Gott zu schauen, aber nur er hat das verstehende Herz, ihn zu erkennen. Sein Herz ist der einzige ruhende Pol in diesem ständigen Wechsel von Licht und Finsternis, Leben und Tod, Werden und Vergehen, der einzige Ort, an dem der Gott auch des Nachts anwesend ist. Denn die Welt - sie entsteht auf Gottes Wink, wie er sie geschaffen hat:

> Gehst du auf, so leben sie;
> gehst du unter, so sterben sie.
> Du selbst bist die Zeit, in der und durch die man lebt.[68]

Das ist die große Entdeckung des Königs. Daß die Welt von der Sonne lebt und vom Licht, das aus ihr hervorgeht, hat man schon vor ihm erkannt. Aber daß auch die Zeit aus ihr hervorgeht - das war die revolutionierende These, die nun schlechthin alles als Werk der Sonne erkärbar macht.

Darf man von einer „Offenbarung" sprechen? Das hängt davon ab, was man unter diesem Begriff verstehen will. Zwei Motive scheinen sich unabdingbar mit dem Begriff der Offenbarung zu verbinden, und beide fehlen im Zusammenhang der Amarna-Religion: „Verborgenheit" und „Botschaft". Offenbart werden bzw. sich offenbaren kann nur das bzw. der Verborgene. Was ist an der Sonne verborgen? Inhalt einer Offenbarung ist üblicherweise der Wille Gottes, z.B. kodifiziert in Gestalt der 10 Gebote, oder die Zukunft, z. B. in der Offenbarung des Johannes („Offenbarung" ist die Übersetzung des griechischen Terminus ἀποκάλυψις). Nichts davon läßt sich auch nur andeutungsweise in ägyptischen Quellen finden. Es gibt aber daneben auch einen ägyptischen Begriff von Offenbarung. Er begegnet in den unter dem Stichwort „Persönliche Frömmigkeit" überlieferten Texten und läßt sich als „Findung" wiedergeben. Nach ägyptischer Auffassung offenbart Gott sich nicht, sondern er wird „gefunden", was natürlich einen vorgängigen Akt göttlicher Selbstmanifestation zur Voraussetzung hat. Ein Beleg gehört noch ans Ende der Amarnazeit. Es handelt sich um ein Lied an Amun, das in einem thebanischen Grab aufgezeichnet wurde und offensichtlich aus der Zeit der Verfolgung stammt, da es von der Sehnsucht nach dem vertriebenen Gott handelt.

[68] M. Sandman, *Texts from the time of Akhenaten*, BAeg VIII (1938), 95. 17–18. Cf. Verf., *Zeit und Ewigkeit im Alten Ägypten. Ein Beitrag zur Geschichte der Ewigkeit*, Heidelberg 1975, 55.

Wie gut ist es, dir zu folgen, Amun:
ein Herr, groß im „Gefundenwerden“ für den, der ihn sucht.[69]

In späteren Texten der Persönlichen Frömmigkeit bezieht sich „gefunden werden“ meist auf rettendes Einschreiten der Gottheit:

„Möge Amun gefunden werden, indem er kommt,
süße Atemluft ihm voraus“[70]
„Ich fand sie, wie sie mit süßem Lufthauch gekommen war“[71]
„Meine Stimme lief um in Theben,
ich fand Amun, wie er auf meinen Ruf hin gekommen war“[72]

Der erste Tempel, den Echnaton noch in Karnak seinem Gott baut, trägt den Namen *Gm-p3-jtn* „Aton ist gefunden“; Tempel gleichen Namens werden dann in Nubien (Kawa) und in Amarna gebaut. In Karnak handelt es sich um den Ort, in dem im Rahmen eines königlichen Jubiläumsfestes (das sog. Sed-Fest) die neue Religion offiziell proklamiert und eingesetzt wurde.[73] Wenn dieser Name eine prägnante Bedeutung hat, dann kann er nur besagen „Aton hat sich offenbart“, wobei der Begriff der Offenbarung aber nicht im biblischen Sinne (als „Enthüllung“ und „Botschaft“) zu verstehen ist, sondern im ägyptischen Sinne, als „Kommen“ d. h. „Intervention“, ein (rettendes oder strafendes) Einschreiten Gottes, dessen Erfahrung von Seiten des Menschen als „finden“ ausgedrückt wird.[74] Allerdings spricht keiner der in der Amarnazeit entstandenen Hymnen an den Aton noch irgendein anderer zeitgenössischer Text davon, daß der Gott „gefunden“ wurde. Nun sind aber, wie wir gesehen haben, „Kommen“ und „Gefundenwerden“ korrespondierende Begriffe. Vom „Kommen“ des Gottes ist in der Tat die Rede. Den prominentesten Kontext für dieses Motiv bildet der Gottesname selbst, und zwar in seiner vollen, „lehrhaften“ Form späterer Fassung. In der ersten Fassung heißt der Gott: „Es lebt Re-Harachte, der jubelt im Lichtland, in seinem Namen als Licht, das in der

69 Graffito des Pawah im Grab des Pairi TT 139 ed. Gardiner, vgl. *ÄHG* Nr. 147.

70 Berlin Stele 20377 *ÄHG* Nr. 148, 39f. vgl. *ÄHG* Nr. 173, 23–24; 175,7; 179,9–10.

71 Turin Stela 1593+1694, *ÄHG* Nr. 149, 23.

72 Qadesch-Schlacht, Poem 122–23.

73 Vgl. D. B. Redford, *Akhenaten: the Heretic King*, Princeton 1984, 102–136.

74 Zum Begriff der „Intervention“ vgl. B. Albrektson, (1967), *History and the Gods. An Essay on the Idea of Historical Events as Divine Manifestations in the ancient Near East and in Israel*, Lund 1967, und mit Bezug auf Ägypten J. F. Borghouts, “Divine Intervention in Ancient Egypt and its Manifestation”, in: R. J. Demarée, J. J. Janssen, *Gleanings from Deir el-Medina*, Leiden 1982, 1–70.

Sonne ist". Im Jahre 9 des Königs wird der Name modernisiert und lautet jetzt: „Es lebt der horizontische Herrscher, der jubelt im Lichtland, in seinem Namen als Licht[75], das als Sonne *kommt*". Hymnen zum Sonnenaufgang reden den Gott mit „Willkommen" an und sprechen von seiner Ankunft.[76] Das ist in traditionellen Sonnenhymnen nur bei Hymnen zum Sonnenuntergang üblich. In die Unterwelt „kommt" der Gott und ist den Unterweltlichen leibhaftig nahe, von den Oberirdischen dagegen ist er buchstäblich „himmelweit" entfernt.[77]

Darüber hinaus finden sich nun aber in den beiden kanonischen und vermutlich vom König selbst verfaßten Hymnen auch Hinweise darauf, daß der Gott selbst den König kundig gemacht, sich ihm also gewissermaßen offenbart hat. Der Große Hymnus drückt es so aus: „Du läßt ihn kundig sein deiner Pläne und deiner Kraft"[78]; in einem anderen Hymnus heißt es: „Deine Kraft und Stärke sind fest in meinem Herzen".[79] Gott hat sein Wesen dem König erschlossen, indem er ihm die Einsicht in Licht und Zeit als die alles erklärende „Weltformel" gewährte.

Es handelt sich hier aber, so dürfen wir wohl sagen, um eine im wesentlichen *negative* Offenbarung und einen Akt mehr der Aufklärung als der Religionsstiftung. Geht es doch um die Erkenntnis, daß Gott *nur* Licht und Zeit ist. Zwar läßt sich für Echnaton die gesamte sichtbare und den Augen verborgene Wirklichkeit auf Licht und Zeit zurückführen. Aber geht das Wesen Gottes, wie es sich in der traditionellen ägyptischen Religion in den vielen Göttern darstellte, nicht weit über die sichtbare und unsichtbare physikalische Wirk-

75 Die vieldeutige Zeichengruppe, die Sethe, Gunn und Fecht als „Re der Vater" lesen wollten, bezieht sich wohl doch eher auf ein feminines Wort mit der Bedeutung „Licht". Die neue Fassung des Namens vermeidet strict alle Anklänge an traditionelle Götternamen. Deshalb wird nicht nur der Name „Horus" durch „Herrscher" ersetzt, sondern auch das Wort Schu „Licht", weil es dem Götternamen Schu entspricht. Vgl. J. Bennet, "Notes on the 'aten'", in: *JEA* 51, 1965, 207-209; A. Bongioanni, „Considérations sur les 'noms' d'Aton et la nature du rapport souverain-divinité à l'époque amarnienne", in: GM 68, 1983, 43-51. Für die ältere Auffassung s. Assmann, in: LÄ I, 1973, 529f. (mit Bibliographie).

76 Sandman, *Texts from the Time of Akhenaten*, Bibl. Aeg. VIII, 1938, 48, 12f.; 33, 13; 23,17; vgl. G. Fecht, „Amarna-Probleme", in: *ZÄS* 85, 1960, 115f.

77 Vgl. hierzu Assmann, *Liturgische Lieder an den Sonnengott*, Berlin 1969, 234 (5) sowie 46ff.

78 Sandman 95. 16-17.

79 Sandman 14. 13-16 - 15.1-3.

lichkeit hinaus? Man kann das an zwei religiösen Ideen klarmachen, die für den Ägypter zentral waren und die in Echnatons Hymnus in eklatanter Weise fehlen, d. h. der Zensur seiner negativen Offenbarung zum Opfer gefallen sind; die Ideen der Unsterblichkeit und der Gerechtigkeit. Die traditionelle Vision des Sonnenlaufs ist die „Heilsgeschichte“ der alten Ägypter: jeder hofft, nach dem Tode zu einem Osiris zu werden und in der mitternächtlichen Vereinigung mit der Sonne am kosmischen Leben Anteil zu gewinnen, jeder hofft, als „Ba“ dem Sonnengott auf seiner Bahn zu folgen und einen Platz in der Barke der Millionen einzunehmen.[80] Die diesseitigen Hoffnungen der Ägypter richten sich auf Gerechtigkeit. Wie der Sonnengott das Böse am Himmel bekämpft, so wird er auch auf Erden den Bedrängten beistehen.[81] So preist ihn ein älterer Hymnus:

> Sei gegrüßt, Re, Herr der Gerechtigkeit,
> der seinen Schrein verborgen hält, Herr der Götter,
> (...) der das Flehen hört dessen, der in Bedrängnis ist,
> wohlgeneigten Herzens dem, der zu ihm ruft;
> der den Furchtsamen errettet aus der Hand des Gewalttätigen
> und richtet zwischen Arm und Reich.[82]

Davon ist in Echnatons Hymnus keine Rede mehr. Gott ist für ihn nichts als Licht und Zeit; er überwindet weder den Tod noch das Böse, die beide in diesem Weltbild keinen Platz mehr haben. Echnaton war ein Aufklärer und er scheiterte, weil er (wie die Stifter der Vernunftreligion in der Französischen Revolution) Aufklärung als Religionsstiftung ins Werk setzte.

Diese Andeutungen müssen hier genügen, um einen Begriff von Echnatons Monotheismus zu bekommen. Es dürfte aber klar geworden sein, daß dieser Monotheismus mit dem biblischen wenig zu tun hat - bis auf einen einzigen vergleichbaren Punkt: den antipolytheistischen Impuls. Durch diesen Impuls baut sich bereits im Ägypten des 14. Jh. v. Chr. schon einmal für eine kurze Weile jener Konflikthorizont auf, innerhalb dessen Einheit und Vielheit

80 Vgl. hierzu Verf., *Re und Amun*, Kap. 2; Verf., *Ma'at. Gerechtigkeit und Unsterblichkeit im alten Ägypten*, München 1990, Kap. 6.

81 Zum typischen Zusammenhang von „Licht“ und „Gerechtigkeit“ im altorientalischen Denken vgl. B. Janowski, *Rettungsgewißheit und Epiphanie des Heils. Das Motiv der Hilfe Gottes „am Morgen“ im Alten Orient und im Alten Testament*, vol. I: Alter Orient, Neukirchen 1989.

82 Pap. Kairo 58038, IV, 1-5, vgl. dazu *Re und Amun*, 176ff.

unversöhnliche Gegensätze bilden. Bei Echnaton äußert sich dieser Impuls rationalistisch: er braucht die vielen Götter nicht, weil er die die Welt erschaffenden und in Gang haltenden Energien auf ein einziges Prinzip zurückführen zu können glaubt. In der Bibel äußert sich dieser Impuls politisch: als Treue zu einem einzigen Gott. Echnatons Monotheismus ist kosmologisch, eine religiös interpretierte Naturphilosophie. Der biblische Monotheismus ist historisch, politisch und moralisch, er findet seinen zentralen Ausdruck in Geschichtserzählung, Gesetzgebung und Verfassung.

Beide Monotheismen sind revolutionär. Sie wachsen nicht evolutionär aus älteren Religionsstufen hervor, sondern verdanken sich, in den Worten Erik Hornungs, einem „völligen Umschlag des Denkens".[83] In beiden Fällen wird das Neue mit revolutionärer Gewalt durchgesetzt. In Ägypten lassen sich die Spuren dieser Gewalt noch heute an den Denkmälern ablesen[84], in Israel lesen wir ihr Echo im Bericht der Josianischen Kultreform. In dieser Gewalt äußert sich der antipolytheistische Impuls.

Anders als in Israel hat sich aber in Ägypten die monotheistische Reform nicht durchgesetzt, sondern ist mit dem Tod ihres Stifters verfolgt und vergessen worden. Trotzdem hat aber diese Episode die ägyptische Religion von Grund auf verändert und ein Denken des Einen in Gang gesetzt, das seinen Ausdruck in neuen theologischen Konzepten fand.

4. „Denken des Einen" in Ramessidischen Hymnen.

Die Amarna-Religion setzt ein Denken des Einen in Gang, und sie entspringt ihrerseits einem Denken des Einen. Dieses Denken findet in Ägypten seinen Ausdruck nicht in philosophischen Werken, sondern in Sonnenhymnen, von denen uns viele Hunderte erhalten sind. Die Amarnazeit und ihr zeitlicher Kontext, das „Neue Reich" (18.–20. Dynastie) können als die Blütezeit dieser Gattung gelten. Diese Hymnen machen deutlich, wo die Amarna-Revolu-

[83] *Der Eine und die Vielen*, 239.

[84] Vgl. Ramadan Saad, *Les martelages de la xviii.e dynastie dans le temple d'Amon-Ré à Karnak*, unpubl. Diss. (1972), Lyon; R. Hari, „La religion amarnienne et la tradition polythéiste", in: *Studien zur Sprache und Religion Ägyptens* (Fs. W. Westendorf), Göttingen 1984, 1039–55.

tion herkommt und wohin sie führt. Früher stand sie wie ein erratischer Block in der ägyptischen Religionsgeschichte. Nichts älteres führte auf sie hin, nichts späteres ließ sich auf sie zurückführen. Dieses Bild hat sich nun durch die systematische Erforschung der Sonnenhymnik und die Auffindung zahlreicher neuer Texte erheblich differenziert. Wir sehen jetzt, daß sie in den Kontext einer „Neuen Sonnentheologie" gehört, die vor Amarna aufkommt, nach Amarna weiter entwickelt wird und als Ausdruck einer tiefgreifenden „Krise des polytheistischen Weltbilds" gesehen werden muß.[85] Das polytheistische Weltbild deutet die Welt als göttlich und gestaltet die Göttlichkeit der Welt als das Zusammenwirken vieler, differenzierter Gottheiten. Diese Vielheit ist unhintergehbar, aber es gibt immer, von allem Anfang an, die Vorstellung eines einzigen Schöpfers, der diesem differenzierten Pantheon als Höchster vorsteht und eine vertikale Spannung in die Vielheit bringt. Im Laufe der 18. Dynastie wächst der Abstand und damit die Spannung zwischen Gott und Göttern, dem Einen und den Vielen. Die Neue Sonnentheologie entwickelt eine radikal andere Vorstellung des „Sonnenlaufs", der scheinbaren Bewegung der Sonne um die Erde. Sie wird nun nicht mehr als ein Zusammenwirken der polytheistischen Götterwelt gedeutet, sondern als die alleinige Handlung des Schöpfer- und Sonnengottes, der der von ihm geschaffenen Welt in einsamer Höhe gegenübersteht. Noch gehören die anderen Götter zu dieser Schöpfungswelt dazu. Die Amarna-Religion vollzieht dann die letzte Konsequenz und verbannt die Götter aus der Welt. Was nun aus neugefundenen Hymnentexten in aller Klarheit hervorgeht, ist die theologische Arbeit, die hinter diesen religiösen Umwälzungen steht.[86] Das betrifft nicht nur die Entstehung, son-

[85] Dieser These habe ich 1983 mein Buch *Re und Amun. Die Krise des polytheistischen Weltbilds im Ägypten der 18.–20. Dynastie* gewidmet. Der Alttestamentler Johannes D. de Moor hat u. a. auch auf dieser Grundlage ein neues Bild der Frühgeschichte des israelitischen Monotheismus entworfen: *The Rise of Yahwism. The Roots of Israelite Monotheism*, Leuven 1990.

[86] Den Aspekt der „theologischen Arbeit", den man im Zusammenhang einer wachsenden Professionalisierung des Priestertums im Ägypten des Neuen Reichs sehen muß, habe ich behandelt in „Arbeit am Polytheismus. Die Idee der Einheit Gottes und die Entfaltung des theologischen Diskurses in Ägypten", in: H. v. Stietencron (Hrsg.), *Theologen und Theologien in verschiedenen Kulturkreisen*, Düsseldorf 1986, 46–69. Man muß die Entstehung von „Theologie" im Zusammenhang sehen mit zwei anderen Prozessen, die beide für das Neue Reich kennzeichnend sind: die Professionalisierung des Priestertums

dern vor allem auch die spätere Verarbeitung der Amarna-Religion. Man kehrte nämlich nach Echnaton keineswegs einfach zur Tradition zurück. Auch die traditionelle Religion wurde einer durchgreifenden Veränderung unterzogen. Bestimmte Erkenntnisse und Umwälzungen ließen sich nicht rückgängig machen. Dazu gehörte etwa die Entdeckung der Zeit als eines Werks des Sonnengottes. Erscheint sie bei Echnaton als eine kosmische Dimension, so füllt sie sich in den späteren Texten mit Inhalt und wird zu einem Konzept von Schicksal und Geschichte, die man sich nun aus dem planenden Willen des Sonnengottes hervorgehend denkt. Daraus ergeben sich ganz neue Formen von Schicksalsglauben und Geschichtstheologie.[87] Das Orakelwesen blüht auf, Krankheiten, Unglücksfälle und wunderbare Errettungen werden als göttliche Interventionen erfahren. Am Ende dieser Entwicklung steht die Errichtung des thebanischen Gottesstaats, worin Amun im Medium des Orakels vollends die irdischen Regierungsgeschäfte übernimmt.

Die Texte der frühen Nachamarnazeit gehen noch aus vom Einen Gott der Neuen Sonnentheologie, der als Schöpfer und Herrscher die Welt in Gang hält. Hier wird die Spannung zwischen Einheit und Vielheit noch in die traditionellen Formen von Schöpfung und Herrschaft gefaßt. Die ramessidischen Theologen übernehmen dann aber einen Begriff der ägyptischen Anthropologie, um die Spannung zwischen Einheit und Vielheit in völlig neuer Weise auszudrücken. Er heißt ägyptisch „Ba", was wir mit „Seele" übersetzen. Der höchste Gott gilt jetzt entweder als der Ba der vielen Götter, oder die vielen Götter gelten als die Ba's des Einen. Der ägyptische Begriff funktioniert nämlich in beiden Richtungen. Ba bezeichnet einmal die unsichtbare Macht in einem sichtbaren Phänomen, daher unsere Übersetzung mit „Seele". Ba bezeichnet aber auch die sichtbare Manifestation einer unsichtbaren Macht. So wird der höchste Gott jetzt als „Ba" gedacht, der sich in der Welt verkörpert wie die Seele im Leib, und zugleich werden die vielen Götter, die die Welt in Gang halten, als die Ba's des All-Einen erklärt, in denen er sich innerweltlich manifestiert. Die Götter werden zu Formen der

und die Verbreitung von Schriftlichkeit, d. h. die Alphabetisierung breiterer Schichten. Zu letzterem vgl. J. Goody, *The Logic of Writing and the Organization of Society*, Cambridge 1986, 37f. und Ph. Derchain, „Encore le monothéisme", in: *Chronique d'Égypte* 53, 1988, 77-85, bes. 84f.

87 Vgl. hierzu Verf., *Zeit und Ewigkeit im Alten Ägypten*, 49ff.; *Ma'at*, 252-272.

erhaltenden Weltzuwendung des Einen, zu Weisen seiner Innerweltlichkeit.[88]

Der Ba-Begriff als solcher ist natürlich nicht neu. Er stammt aus dem königlichen Totenkult mindestens des Alten Reichs und wird schon in den Sargtexten mit Bezug auf Götter verwendet.[89] Als Ba der Götter gilt ihre sinnlich erfahrbare kosmische Manifestation. So gilt etwa der Wind als Ba des Luftgottes Schu. Im *Buch von der Himmelskuh*, also immerhin spätestens unter Tutanchamun, findet sich dann ein Stück entwickelter Ba-Theologie; dort heißt es:

b3 pw n Šw: ṯ3w	Der Ba des Schu ist die Luft
b3 pw n Nḥḥ: ḥwjt	Der Ba des Neheh ist der Regen
b3 pw n Kkw: grḥ	Der Ba der Finsternis ist die Nacht
b3 pw n Nnw: Rᶜw	Der Ba des Urwassers ist Re
b3 pw n Wsjr: B3-nb-Ḏdt	Der Ba des Osiris ist der Widder von Mendes
b3 pw n Sbk: msḥw	Der Ba des Sobek sind die Krokodile
jw b3 n nṯr nb m ḥf3w	Der Ba jeden Gottes sind die Schlangen
jw b3 n ᶜpp m b3ẖw	Der Ba des Apopis ist (im) Ostgebirge
jw b3 n Rᶜw ḫt t3 r ḏr . f	Der Ba des Re ist durchs ganze Land hin.[90]

In Phänomenen der biokosmischen Sphäre wie Wind, Regen, Nacht, Krokodile, Schlangen manifestieren sich göttliche Kräfte. In der Ramessidenzeit wird auch eine Konzeption greifbar, die sich den Begriff „Ba" zunutze macht, um aus den Göttern der vier Generationen der heliopolitanischen Neunheit eine Elementenlehre zu entwickeln. Der Ba des Re, Ba des Schu, Ba des Geb und Ba des Osiris werden zu der Vierheit von Licht, Luft, Erde und Wasser verbunden.[91] Der Ba-Begriff wird, auf älteren Traditionen aufbauend, zum Instrument einer Immanenz-Theologie, die auf die innerweltliche Gegenwart des Göttlichen abhebt. Der Mensch begegnet in der ihn umgebenden Wirklichkeit zwar nicht den Göttern selbst, aber ihren

[88] Für eine ausführlichere Darstellung des Ba-Konzepts und seiner Bedeutung im Rahmen der thebanischen Theologie der Ramessidenzeit s. *Re und Amun*, 203–211.

[89] L. V. Zabkar, A Study of the Ba Concept in Ancient Egyptian Texts, SAOC 34, Chicago 1968; E. Wolf-Brinkmann, *Versuch einer Deutung des Ba-Begriffs anhand der Überlieferung der Frühzeit und des Alten Reichs*, Diss. Basel, Freiburg 1968.

[90] E. Hornung, *Der ägyptische Mythos von der Himmelskuh*, OBO 46, 1982, 26f., 47; *Re und Amun*, 206f.

[91] H. Wild, *BIFAO* 60, 60; J. C. Goyon, *Confirmation du pouvoir royal au Nouvel An* (BdÉ 52, Kairo 1972), 96 n. 120.

Ba-Manifestationen. Diese Lehre steht in deutlicher Opposition zur verfemten Amarna-Religion. In den Amarna-Texten kommt der Begriff „Ba" nicht vor; die entsprechende Kategorie lautet hier *ḫprw* „Verwandlung, Verkörperung, Entwicklung". Die sichtbare Welt ist *ḫprw* des Gottes, d. h. sie geht aus ihm hervor, ist aber nicht selbst göttlich.[92] Die ramessidischen Theologen entdecken nun den Ba-Begriff, um der Göttlichkeit der Welt und damit der polytheistischen Erfahrung Rechnung zu tragen.

Die Hymnen, die diese Theologie entfalten, tragen zum Teil das unverkennbare Gepräge einer esoterischen Literatur. Sie stehen nicht auf den Grabwänden, sondern in den Ritualbüchern der Tempel sowie in Zauberpapyri. Es handelt sich um Texte, die mit der Aura des Geheimnisses umgeben sind. Eine Gruppe theologisch besonders bedeutender Hymnen sind auf den Wänden eines Tempels aufgezeichnet, der unter dem Perserkönig Darius I. in der Oase el-Khargeh gebaut wurde. Sie alle preisen den All-Einen. Einer trägt den Titel: „Der große geheime Hymnus auf Amun-Re, gesprochen von den 8 Urgöttern" und beginnt mit den Versen:

> Sei gegrüßt, du Einer, der sich zu Millionen machte,
> der sich in Raum und Zeit ausdehnt ohne Grenzen,
> gerüstete Macht, die von selbst entstand,
> Uräusschlange mit gewaltiger Flamme,
> der Zauberreiche mit geheimer Gestalt,
> der geheime Ba, dem Ehrfurcht erwiesen wird![93]

Der „Eine, der sich zu Millionen macht", das ist die ägyptische Wendung für den Begriff des All-Einen.[94] Er wird gar nicht mit Namen angerufen, denn er geht über die namentlich bekannten Götter des traditionellen Polytheismus hinaus. Seine verbreitetste Umschreibung ist „der Geheime Ba": die verborgene Macht, die sich in und als Welt manifestiert. Dieser Text begegnet schon in der Ramessidenzeit, also 700 Jahre früher, in einem Zauberpapyrus, und er wird noch in der römischen Kaiserzeit im Tempel von Philae zitiert. Ein

[92] Vgl. Verf., „Die Häresie des Echnaton: Aspekte der Amarna-Religion", in: *Saeculum* 23, 1972, 109-126, sowie „Akhanyati's Theology of Life and Time".

[93] Papyrus Mag. Harris IV, 1-2 = Hibis 32,1, ÄHG Nr. 129, 1-6.

[94] Für eine Zusammenstellung und Diskussion der Belege s. *Re und Amun*, 211-218; J. Zandee, *Der Amunshymnus des Papyrus Leiden I 344, Verso*, Leiden 1992, I, 168-176; M. Bilolo, *L'Un, devient-il multiple? Approche pragmatique des formules relatives à „l'Un «comme multiple»" ou à l'„auto-differenciation" del l'Un dans les hymnes thébains du Nouvel Empire*, Habil. Schr. Zürich 1992.

anderer Hymnus in diesem Tempel trägt den Titel: „Das Buch der Geheimnisse des Amun, das auf Schreibtafeln aus *Nbs*-Holz niedergeschrieben ist". Dieser Hymnus entfaltet die Lehre von den 10 Ba's des Amun, die den Gipfelpunkt der ramessidischen Ba-Theologie bildet. Leider sind von den 10 Liedern, die je einem der Ba's gewidmet sind, nur die ersten drei erhalten. Aber ein einleitender Hymnus in der Form eines Morgenliedes nennt sie alle 10, so daß das System als solches erkennbar wird.[95]

In den ersten 5 Ba's finden wir wieder jene kosmischen Elemente, die die Welt lebenspendend durchwalten. Das erste Ba-Paar sind Sonne und Mond, die zugleich als das rechte und das linke Auge des Weltgottes erklärt werden. Dann kommen der Ba des Schu und der Ba des Osiris für Luft und Wasser, und als fünftes nicht, wie man erwarten würde, der Ba des Geb für die Erde, sondern der Ba der Tefnut. Der Hymnus gibt die theologische Deutung. Sonne und Mond stehen nicht für das Licht, sondern die Zeit, die hier ebenfalls als eine kosmische, lebenspendende Energie erscheint. Das Licht wird dem Ba der Tefnut, der Göttin der flammenden Uräus-Schlange zugewiesen. Wir haben hier also Zeit, Luft, Wasser und Licht als lebenspendende Elemente. Alle fünf Bas tragen in der zugehörigen Darstellung das Abzeichen ihrer kosmischen Manifestation auf dem Kopf: Sonne, Mond, Luftsegel, 3 Wassernäpfe (*nw*) und Fackel.[96] Bis dahin finden wir uns auf vertrautem Boden, wenn auch diese Fünfheit sonst nicht belegbar ist.

Die zweiten fünf Ba's - und damit betreten wir theologisches Neuland - stehen für 5 Klassen von Lebewesen. Diese Theologie unterscheidet also zwischen kosmischem und animalischem Leben. Den 5 lebenspendenden kosmischen Energien stehen 5 Klassen lebenemfangender, beseelter Wesen gegenüber. Es sind Menschen, Vierfüßler, Vögel, Wassertiere und Erdwesen wie Schlangen, Skarabäen und Tote. Der Ba für die Menschen ist menschengestaltig und heißt „Königska", der Ba für die Vierfüßler ist löwenköpfig und heißt „Widder der Widder", der Ba für die Vögel ist menschengestaltig und

[95] J. C. Goyon, in: R. A. Parker, J. Leclant, J. C. Goyon, *The Edifice of Taharqa*, Providence 1979, 69–79; 40–41; Tf. 27. Vgl. ÄHG Nr. 128; Baruqc-Daumas, Nr. 88; *TUAT* Nr. 13, S. 865–868. Einen demotischen Paralleltext veröffentlichte M. Smith, in: *Enchoria* 7, 1977, 115–149.

[96] Eine Abbildung der anderweitig unveröffentlichten Darstellung der 10 Bas des Amun in der Krypta des ptolemäischen Opet-Tempels von Karnak findet sich in: C. Traunecker, *Les dieux de l'Égypte*, Que sais-je? 1191, Paris 1992, S. 97 fig. 8.

heißt Harachte, der Ba für die Wassertiere ist krokodilköpfig und heißt „Ba derer im Wasser“, der Ba für die Erdbewohner ist schlangenköpfig und heißt Nehebka. Das verblüffendste an dieser Theologie ist in meinen Augen der Platz, den sie dem König anweist. Der König gehört zu den 10 Ba's, er ist einer der zehn innerweltlichen Manifestationen, in denen Gott die Welt belebt, beseelt und organisiert, und zwar ist er diejenige Gottesenergie, die für die Menschen zuständig ist. Das gilt nicht für den König selbst, wohlgemerkt, sondern für den Königs-Ka, also das als solches göttliche institutionelle Prinzip des Königstums, das sich in jedem seiner Träger verkörpert und das mit dem Gott Horus identisch ist. Das Königtum ist eine kosmische Energie wie Licht und Luft. In ihm kommt diejenige Gottesmacht zur Erscheinung, die die Menschenwelt beseelt, versorgt und ordnet.

Dieser Hymnus ist uns in 5 verschiedenen Fassungen erhalten. Außer im Tempel von Hibis kommt er noch vor im Gebäude des Königs Taharqa aus der 25. Dynastie, der Äthiopenzeit, am Heiligen See von Karnak, sowie im ptolemäischen Tempel der Opet in Karnak, auf einem demotischen Ostrakon aus der Zeitenwende, und im Tempel von Philae aus der späten Ptolemäerzeit. In diesen Texten stoßen wir nun ganz offensichtlich auf jene Tradition, die in der späteren Antike als esoterischer Monotheismus verstanden wurde. Es handelt sich um die Theologie des all-einen Weltgottes, die in der Ramessidenzeit als Antwort auf den monotheistischen Umsturz von Amarna von den führenden Theologen entwickelt wurde und in deren Zentrum der Begriff des „Ba“ steht.

Der Weltgott ist ein verborgener Gott. Er ist, wie es in einem ramessidischen Hymnus heißt,

> „ferner als der Himmel, tiefer als die Unterwelt.
> Kein Gott kennt seine wahre Gestalt.
> Sein Bild wird nicht entfaltet in den Schriftrollen,
> man lehrt nicht über ihn ...
> Er ist zu geheimnisvoll, um seine Hoheit zu enthüllen,
> zu stark um ihn zu erkennen“.[97]

Der Gedanke der Verborgenheit vermittelt zwischen Vielheit und Einheit, dem manifesten Polytheismus und dem untergründigen Monotheismus. In seiner Immanenz und Evidenz ist das Göttliche

[97] pLeiden I 350 IV, 17–19 ed. Zandee, *Hymnen aan Amon van Pap. Leiden I 350, OMRO* 28, 1947, 75-86; *ÄHG* no. 138.

nur polytheistisch vorstellbar, anrufbar und kultisch zugänglich. In seiner untergründigen Einheit dagegen ist es verborgen. Der Ba-Begriff ist eins der Instrumente, um diese Dialektik zu formulieren. Aus der Verborgenheit des Allgottes wird das Geheimnis seiner Theologie. „Sein Bild wird nicht entfaltet in den Schriftrollen" - so steht es in dem Text, den wir gerade zitiert haben. Aber dieser Text ist ein literarisches Werk, das in den gebildeten Kreisen zirkulierte, vermutlich in der Schule gelesen wurde. Er gehöt zur exoterischen Seite der Theologie. Daneben gibt es esoterische Schriften, in denen das Bild des verborgenen Gottes durchaus entfaltet wird. Das sind die magischen Texte. Hier finden wir das Bild des Gottes mit sieben Köpfen. In einem spätägyptischen Zauberpapyrus wird es folgendermaßen erläutert:

> Der Bes mit 7 Köpfen,
> er verkörpert die Ba's des Amun-Re, ...,
> des Herrn von Himmel, Erde, Unterwelt, des Wassers und der Berge.
> Der seinen Namen geheim hält vor den Göttern,
> des Riesen von Millionen Ellen,
> des Starken, der den Himmel festmachte auf seinem Haupt,
> ... aus dessen Nase die Luft hervorgeht, um alle Nasen zu beleben,
> der als Sonne aufgeht, die Erde zu erhellen,
> aus den Ausflüssen dessen Leibes der Nil fließt, um jeden Mund zu beleben...[98]

Bes ist kein großer Gott, sondern eher ein Monstrum. Typisch für ihn ist die übelabwehrende Fratze, er ist der Gott der maskenhaften Verhüllung. Auch hier erscheint er nur als Maske und zwar des verborgenen Allgotts der Ramessidenzeit. In den geheimen Schriftrollen der Magier wird er abgebildet. Die Monstrosität seiner Erscheinung verweist auf seine Verborgenheit und prinzipielle Unabbildbarkeit. Im gleichen Papyrus erscheint er noch einmal abgebildet mit 9 Köpfen. Der Text beschreibt das Bild als „Mensch mit 9 Köpfen auf einem einzigen Hals, und zwar ein Bes-Gesicht, ein Widderkopf, ein Falkenkopf, ein Krokodilskopf, ein Nilpferdkopf, ein Löwenkopf, ein Stierkopf, ein Affenkopf und ein Katzenkopf."[99] Die griechischen Zauberpapyri nennen ihn Enneamorphos, den „Neungestaltigen".[100]

[98] Serge Sauneron, *Le papyrus magique illustré de Brooklyn [Brooklyn Museum 47. 218.156]*, New York 1970, 23 Tf. IV, fig. 3. (neben S. 13).

[99] Sauneron, a.a.O., 18, Tf. II, fig. 2 (neben S. 12).

[100] R. Merkelbach, M. Totti, *Abrasax. Ausgewählte Papyri religiösen und magischen*

Das ist der All-Eine Gott des esoterischen Monotheismus im alten Ägypten, wie ihn die antiken Autoren überlieferten. Es handelt sich also nicht um ein Mißverständnis, sondern um eine authentische Tradition.[101] In der Endphase der ägyptischen Religion wird diese Theologie des all-einen Weltgottes auf Isis übertragen.[102] Jetzt ist sie die „Eine die sich zu Millionen macht“[103], una qui es omnia[104], μούνη εἶ σὺ ἄπασαι[105], wie sie in den Texten angerufen wird. Sie heißt geradezu „die Eine“ (*t3 wᶜt* - Θιοῦις).[106] Auf diese Theologie bezieht sich Plutarch mit seiner Legende vom verschleierten Bild zu Sais. Was wir hier vor uns haben, ist aber keine Geheimreligion. Geheimnivoll ist vielmehr die Gottheit, um die es

Inhalts Bd. 1: Gebete, Abhandlungen der rheinisch-westfälischen Akademie der Wissenschaften, Sonderreihe Papyrologica Colonensia vol. XVII.1, 78; R. Merkelbach, *Abrasax* 3: Zwei griechisch-ägyptische Weihezeremonien, Opladen 1992, 10f. und öfter.

101 Ein Mißverständnis allerdings ist die moderne Einstufung sämtlicher dieser ägyptischen und griechischen Texte als „magisch“ im Sinne okkulter und asozialer Praktiken im Dienst privater Wünsche nach Schutz, Heilung, Liebesglück usw. Die Kirchenväter haben aus begreiflichen Gründen die ganze heidnische Religion als Zauberei hingestellt. In Wirklichkeit handelt es sich, wie vor allem R. Merkelbach gezeigt hat, auch bei vielen der sog. griechischen Zauberpapyri um liturgische Texte, die aus dem Tempelkult stammen und die wir als Zeugnisse spätägyptischer Theologie sehr ernst nehmen müssen.

102 Für eine Zusammenstellung der wichtigsten Literatur s. H. S. Versnel, *Ter Unus. Isis, Dionysos, Hermes - Three Studies in Henotheism,* Leiden 1990, 39 n.1, der mit Recht hinzusetzt: “The literature now definitely overflows the banks, not always equally fertilizing the fields”.

103 *Re und Amun,* 211-218.

104 Votiv-Inschrift aus Capua, 1. oder 2. Jh. n. Chr., CIL X 3800 = Dessau *ILS* 4362; L. Vidman, *Sylloge inscriptionum religionis Isiacae et Sarapidae,* Berlin 1969, Nr. 502: *Te tibi una quae es omnia dea Isis.* F. Dunand, „Le syncrétisme isiaque“, (Anm. 105), 82 n.1.; V. Tran Tam Tinh, *Le culte des divinités orientaux en Campanie,* Leiden 1972, 41ff.; 77; 199-234.

105 Hymnus des Isidorus aus Medinet Madi cf. Vera F. Vanderlip, *The Four Greek Hymns of Isidorus and the Cult of Isis,* American Studies in Papyrology XII, Toronto 1972, 18f.; E. Bernand, *Inscriptions métriques de l'Égypte grécoromaine,* Paris 1969, Nr. 175, 632ff.; M. Totti, *Ausgewählte Texte der Isis-Serapis-Religion,* Subsidia Epigrapha XII, 1985, 76-82; F. Dunand, „Le syncrétisme isiaque à la fin de l'époque hellénistique“, in: F. Dunand, P. Levêque (ed.), *Les syncrétismes dans les religions grecque et romaine,* Colloque de Strasbourg, Bibliothèque des Centres d'Études supérieures spécialisés, Paris 1973, 79-93. Zu Isidorus cf. Drijvers, *Vox Theologica* 32, 1962, 139-50.

106 Vanderlip, a.a.O., 31; vgl. hierzu C. H. Gordon, “His name is ‘One’”, in: *JNES* 29 (1970) 198ff.

geht. Ihr Geheimnis besteht in ihrer Verborgenheit. Denn die sichtbare Wirklichkeit ist differenziert und das heißt polytheistisch. Einer Religion, die monotheistisch und polytheistisch zugleich denkt, muß sich die Wirklichkeit in Vordergrund und Hintergrund, Offenbarkeit und Geheimnis aufteilen.

Hornung ist in seinem Buch *Der Eine und die Vielen* einer ähnlichen Deutung mit folgenden scharfen Worten entgegengetreten.

> Das ist großartig perspektivisch gedacht und abendländisch - doch mit ägyptischem Anschauen und Denken hat es wenig zu tun! Der Ägypter kennt keine Kulissen und keine Raumtiefe, hinter einem Gott stehen allenfalls seine Gefolgsleute, und der Grund der Welt mag ihm göttlich sein aber kein Gott. Es ist faszinierend, das ägyptische Pantheon dreidimensional zu ordnen und den Einen als Fluchtpunkt zu setzen - aber steht dahinter nicht das alte apologetische Bemühen, die ägyptischen Götter für uns glaubhafter zu machen?[107]

Hornungs Einwand gibt eine vorzügliche Charakteristik des ägyptischen Weltbildes vor der Amarnazeit und vermag daher deutlich zu machen, was alles sich nach Amarna geändert hat. In der Tat, man kann es nicht treffender formulieren, scheint eine ganze Tiefen-Dimension dazugekommen. Und wenn Hornung am Ende seines Werkes sagt, daß er in seiner Untersuchung „stets nur auf die konkreten bekannten Gottheiten des ägyptischen Pantheons, niemals auf einen Supergott hinter den Göttern gestoßen" sei[108], dann möchte ich auch dies für meine Untersuchung im positiven Sinn in Anspruch nehmen. „Supergott" ist zwar ein unschönes Wort, aber es trifft genau, was und wen die Texte meinen. Denn die Hymnen vermeiden die Namen der bekannten, konkreten Gottheiten. *B3 št3* „geheimer Ba" nennen ihn die ägyptischen Texte, Ὕψιστος, „Höchster" die griechischen. In einem graeco-ägyptischen Zaubertext, der den höchsten Gott in verschiedenen Sprachen anruft, kommen neben den Ägyptern und anderen Völkern auch die „ägyptischen Hohepriester" mit einer eigenen Anrufung vor:

> Ich rufe dich nochmals an
> wie die Ägypter: Phno eai Iabok,
> wie die Juden: Adonaie Sabaoth,
> wie die Griechen: König, der über alle herrscht,

[107] Hornung, *Der Eine*, 16f.
[108] a.a.O., 183.

wie die ägyptischen hohen Priester: Verborgener, Unsichtbarer, der alle erblickt,
wie die Parther: OYERTO (Großer auf der Erde), Herr über alles.[109]

Dies zeigt, daß man in den graecoaegyptischen Kreisen der Spätantike den ägyptischen Hohepriestern eine eigene Religion zuschrieb, die Verehrung des Verborgenen, Unsichtbaren und Allwissenden Gottes. Der Verehrung dieses Gottes gilt der esoterische Monotheismus der spätägyptischen Religion, von dem die antiken Autoren berichten und der für Schiller das Geheimnis der ägyptischen Mysterien bildete.

Wenn man diese beiden so grundverschiedenen Formen von Monotheismus miteinander vergleicht, mit denen uns die ägyptische Religionsgeschichte konfrontiert, den Monotheismus Echnatons und die ramessidische Lehre vom All-Einen, dann springen vor allem drei Unterschiede ins Auge:

1. der Monotheismus Echnatons ist revolutionär, er setzt sich verdrängend, zerstörend, negierend an die Stelle des Polytheismus. Der ramessidische Monotheismus ist evolutionär, er wächst allmählich aus dem Polytheismus hervor und nimmt ihn widerspruchsfrei in sich auf.

2. Der revolutionäre und exklusive Monotheismus Echnatons verbindet sich mit dem Begriff der Einzigkeit, der evolutionäre und inklusive Monotheismus der ramessidischen Amunspriester mit dem der All-Einheit. Einzigkeit negiert die Vielheit, All-Einheit setzt sie dialektisch voraus.

3. Der revolutionäre Monotheismus verbindet sich mit dem Begriff der Offenbarkeit und Offenbarung, der evolutionäre mit dem der Verborgenheit und des Geheimnisses.

Diese Beobachtungen und Kennzeichnungen lassen sich m. E. verallgemeinern. Der Monotheismus, darin ist man sich heute wohl einig, ist kein ursprüngliches Phänomen in der Religionsgeschichte. Von der These des Pater Wilhelm Schmidt und seiner in 12 Bänden

[109] Vgl. R. Merkelbach, M. Totti, *Abrasax. Ausgewählte Papyri religiösen und magischen Inhalts Bd. 1: Gebete*, Abhandlungen der rheinisch-westfälischen Akademie der Wissenschaften, Sonderreihe Papyrologica Colonensia vol. XVII.1, 166f. S. auch E. Peterson, Εἷς θεός. *Epigraphische, formgeschichtliche und religionsgeschichtliche Untersuchungen* (Forschungen zur Religion und Literatur des Alten und Neuen Testaments NF 24), Göttingen 1926, 254 für weitere Parallelen.

entfalteten Theorie eines Urmonotheismus ist man allgemein abgekommen[110], auch in der Ägyptologie, wo sie auf erhebliche Resonanz gestoßen war.[111] Monotheismus ist immer das Kennzeichen sekundärer Religionen.[112] Hier können wir nun zwei Formen des Sekundären unterscheiden: eine revolutionäre und eine evolutionäre Form. Im einen Fall setzt sich der Monotheismus zerstörend, verfolgend und negierend an die Stelle vorgängiger Religionsformen, im anderen Falle wächst er allmählich als ein Spät- und Reifestadium aus ihnen heraus. Der Monotheismus, der auf dem Postulat der All-Einheit beruht, d. h. auf der Einsicht, daß alle Götter im letzten Grunde eins sind, Erscheinungsformen einer einzigen allumfassenden Gottheit, ist immer evolutionär. Von dieser Art ist der Monotheismus, der in den verschiedenen Religionen und philosophischen Richtungen der außerbiblischen Antike mit wachsender Stärke hervortrat.[113] Mit dieser Religionsform befinden wir uns außerhalb jedes Konflikthorizonts. Mono- und Poly- bezeichnen hier keine Gegensätze. Genauer gesagt wird der Gegensatz hier religionsintern vermittelt, während er im Fall des revolutionären Monotheismus die Grenze zwischen innen und außen, also die Abgrenzung gegenüber anderen Religionen bestimmt.[114] Vermittelt

110 *Der Ursprung der Gottesidee* I-XII, Münster 1926-1949. In seinem 1969 erschienenen Buch *Religionsphänomenologie* vertritt allerdings auch der schwedische Religionswissenschaftler und Iranist Geo Widengren eine modifizierte Urmonotheismus-Theorie und interpretiert den evolutionären Alleinheits-Monotheismus der indischen, iranischen und hellenistischen Antike als ein ursprüngliches Phänomen.

111 H. Junker, *Giza* II, 46ff.; *Der Sehende und der Blinde Gott* (SBAW 1942); *Pyramidenzeit*, Einsiedeln 1949, 15ff. Gegen diese und verwandte Vorstellungen vgl. Hornung, *Der Eine und die Vielen,*; „Die Anfänge von Monotheismus und Trinität in Ägypten“, sowie Verf., „Primat und Transzendenz. Struktur und Genese der ägyptischen Vorstellung eines „Höchsten Wesens“, in: W. Westendorf (Hrsg.), *Aspekte der spätägyptischen Religion*, Wiesbaden 1979, 7-42, bes. 16-18.

112 S. hierzu Th. Sundermeier, „Religion, Religionen“, in: K. Müller, Th. S. (Hrsg.), *Lexikon missionstheologischer Grundbegriffe*, Berlin 1987, 411-423 (1987); Verf., *Ma'at*, 17ff., 279ff.

113 Vgl. hierzu M. Nilsson, *Geschichte der griechischen Religion* II. Bd., München 1974, 569ff.

114 Bei den Stammesreligionen, auf die sich die Urmonotheismus-Theorie von Pater Wilhelm Schmidt bezieht, wird der Gegensatz zwischen Gott und Göttern typischerweise durch die Vorstellung des *deus otiosus* vermittelt. Durch seine müßige Weltabgewandtheit gibt der Eine den Vielen Raum. Das Höchste Wesen

wird der Gegensatz zwischen Einheit und Vielheit durch den Begriff der Verborgenheit.[115] Im All-Einheits-Monotheismus haben wir das genaue Gegenstück zum revolutionären Einzigkeits-Monotheismus vor uns und können diese beiden Religionsformen als Offenbarungs- und Verborgenheitsmonotheismus unterscheiden. Im einen Fall offenbart sich der Eine, im anderen verbirgt er sich. Wo er sich offenbart, verdrängt, negiert, zerstört er die Vielen, verweist sie in das Außen der ihm geltenden Religion, d. h. der von ihm geschaffenen Welt und geoffenbarten Wahrheit. Wo er sich verbirgt, gibt er ihnen Raum. Dieser Raum ist die Welt der Erscheinungen, in der der Verborgene, insofern er verborgen ist, gerade nicht erscheint, aber die doch von ihm in keiner Weise negiert, sondern im Gegenteil fundiert und erhalten wird.

Wir gelangen so zu einer anderen Unterscheidung als der, von der wir ausgegangen waren. Ausgegangen waren wir von der Unterscheidung zwischen kosmologischem und politischem Monotheismus. Die Unterscheidung zwischen einem revolutionären Monotheismus, der mit Offenbarkeit und Offenbarung einhergeht und auf dem Begriff der Einzigkeit basiert, und einem evolutionären Monotheismus, der sich mit Verborgenheit und Geheimnis verbindet und den Begriff der All-Einheit entwickelt, steht dazu quer. Denn der Amarna-Monotheismus ist, genau wie der biblische, revo-

ist kultischer Verehrung gar nicht zugänglich, kümmert sich nicht um die Belange der Menschen und hat daher für das religiöse Leben der Gruppe nur geringe Bedeutung. Viel wichtiger sind z. B. die Ahnen. Die Muße oder Weltabwendung Gottes ist hier nichts anderes als eine logische Figur im Denken von Einheit und Vielheit. Uns ist diese Form eines Urheber-Monotheismus vor allem in der Form des Deismus vertraut. Damit ist zugleich klargestellt, daß es sich hier nicht unbedingt um ein besonders ursprüngliches Phänomen handeln muß, wie es die Urmonotheismustheorie von P. W. Schmidt postuliert.

115 Man kann aber ohne größere Schwierigkeit die Weltabgewandtheit des *deus otiosus* als eine Sonderform von Verborgenheit einstufen, muß sich nur darüber im Klaren sein, daß die Verborgenheit, um die es hier geht, von sich aus nichts mit Muße zu tun hat. Dieser Eine ist zwar verborgen, aber alles andere als ein *deus otiosus*. Allerdings kann diese Dialektik auch zugunsten des Einen in eine Negation der Erscheinungswelt umschlagen. Das Beispiel hierfür ist Indien. So gesehen liegt es nahe, die *deus-otiosus*-Vorstellung als eine Variante in der Gegenrichtung einzustufen. Hier ist die Dialektik zwischen dem Einen und den Vielen zugunsten der Vielen umgeschlagen. Im einen Fall verblaßt die Erscheinungswelt zum bloßen Schein, zu einer illusionären Sinnestäuschung, im anderen verblaßt der Eine zu einer Abstraktion ohne Bedeutung für das religiöse Leben.

lutionär und verbindet sich mit Einzigkeit und Offenbarkeit. Aber er ist kosmologisch. Er gehört in den Zusammenhang desselben Denkens des Einen, das auch den evolutionären Monotheismus der All-Einheit hervorgebracht hat, der zu Verborgenheit und Esoterik tendiert.

In der hellenistischen Antike, als Hekataios von Abdera Ägypten bereiste und Manetho von Sebennytos seine Aigyptiaka schrieb, wußte niemand mehr etwas von jener Episode eines revolutionären Monotheismus, die damals mehr als 1000 Jahre zurücklag und deren Andenken aus den offiziellen Annalen sowie allen erreichbaren Denkmälern getilgt worden war. Und auch daß die priesterlich-magische Theologie des verborgenen All-gotts, des All-Einen, keine Variante der hellenistischen theologia physike war, sondern ebenfalls bis weit ins 2. Jahrtausend zurückging, dürfte niemandem mehr bewußt gewesen sein. Und trotzdem galt Ägypten als die Heimat eines Denkens, das mit dem Begriff „Denken des Einen" wesentlich treffender gekennzeichnet ist als mit dem mißverständlichen und anachronistischen Begriff Monotheismus. Plutarch, Jamblich und die Autoren des Corpus Hermeticum schrieben im Bewußtsein, ägyptische Theologie darzulegen und nicht etwa orientalisch überfremdete Spätformen platonischer Philosophie. Dieses Bewußtsein hat sich dem Abendland mitgeteilt und bis ins 18. Jh., bis zu Schiller das Bild Ägyptens bestimmt. Mit der Devise Ἓν καὶ πᾶν kehrte im 18. Jahrhundert der verdrängte Kosmotheismus der ägyptischen Antike zurück.

Zeitfracht Medien GmbH
Ferdinand-Jühlke-Straße 7
99095 Erfurt, Deutschland
produktsicherheit@kolibri360.de

Druck:
CPI Druckdienstleistungen GmbH
im Auftrag der
Zeitfracht Medien GmbH
Ein Unternehmen der Zeitfracht - Gruppe
Ferdinand-Jühlke-Str. 7
99095 Erfurt